La Valise du mort

Données de catalogage avant publication (Canada)

Chabin, Laurent, 1957-

La Valise du mort
(Collection Atout ; 52. Policier)
Pour les jeunes de 11 à 15 ans.
ISBN 2-89428-471-3

I. Titre. II. Collection : Atout ; 52. III. Collection : Atout Policier.

PS8555.H17V34 2001 jC834'.54 C2001-940088-8
PS9555.H17V34 2001
PZ23.C42Va 2001

Les Éditions Hurtubise HMH bénéficient du soutien financier des institutions suivantes pour leurs activités d'édition :

- Conseil des Arts du Canada ;
- Gouvernement du Canada par l'entremise du Programme d'aide au développement de l'industrie de l'édition (PADIÉ) ;
- Société de développement des entreprises culturelles au Québec (SODEC).

Conception graphique : **Nicole Morisset**
Illustration de la couverture : **Caroline Merola**
Mise en page : **Lucie Coulombe**

Éditions Hurtubise HMH ltée
Téléphone : (514) 523-1523 • Télécopieur : (514) 523-9969
www.hurtubisehmh.com

Dépôt légal/1er trimestre 2001
Bibliothèque nationale du Canada
Bibliothèque nationale du Québec

Distribution en France
Librairie du Québec/DEQ
Téléphone : 01 43 54 49 02 • Télécopieur : 01 43 54 39 15
Courriel : liquebec@noos.fr

Imprimé au Canada

Laurent Chabin

La Valise du mort

Collection **ATOUT**

Laurent Chabin a choisi de s'installer en Alberta au pied des montagnes Rocheuses. C'est là qu'il s'est mis à écrire de façon professionnelle en commençant... par des contes de fées ! « Je n'avais jamais pensé à écrire des romans policiers », dit-il, « jusqu'à ce que les éditions Hurtubise HMH m'en demandent un ! Maintenant, je suis mordu, je ne peux plus m'arrêter ! Quand un ou plusieurs personnages m'intéressent, j'aime les reprendre dans un autre livre, même s'il ne s'agit pas vraiment d'une suite. » C'est ce que Laurent a fait dans *La Valise du mort*, où l'on retrouve le docteur Hunter, en compagnie de nouveaux personnages.
Laurent a reçu la mention honorable au prix Champlain 1998 pour *L'Assassin impossible*, et il a été finaliste du prix Christie 1996. Ses livres figurent dans de nombreuses sélections en France (prix littéraire des Vosges 1998) et au Québec (palmarès Livromanie).
Autres titres dans la collection Atout :
L'Assassin impossible, *Piège à conviction*, *Zone d'ombre*, *Sang d'encre*, *Série grise* et *Partie double*.

1

La mort au carrefour

Quand on quitte Vancouver par la Transcanadienne en direction de l'est et que, sorti de la vallée de l'Okanagan, les arbres se mettent à disparaître, on se demande si c'est déjà le désert qui commence. Mais quand on arrive à Kamloops, là, on en est sûr. Depuis un bon moment...

De loin, la ville a l'air d'avoir été abandonnée après une quelconque ruée vers l'or, au fond d'un creux, entre des montagnes pelées et poussiéreuses où la vie semble, sinon une erreur, du moins une malveillance...

Ce paysage me prend à la gorge. J'arrive par le sud, sur un plateau chauve comme un genou, caillouteux, sec et jaune. Je devine que même les rats — s'il y en a ! — s'y terrent dans un trou toute la journée pour éviter un soleil agressif que rien ne vient tempérer.

On se croirait dans un de ces films américains où le héros, fatigué, sale et mal rasé, arrive, après une errance interminable, dans un motel délabré qui semble être la seule construction humaine à des heures de route à la ronde.

Et pourtant non. Il n'y a pas qu'un motel, à Kamloops. Il y en a des tas, et des magasins, et des galeries d'art, et pas loin de quatre-vingt mille habitants !

Cependant, il n'est pas question d'y faire une pause. Il y a un cadavre derrière moi, qui me pousse, qui me poursuit... Je suis éreinté et il fait épouvantablement chaud, dans cette voiture sans climatisation, mais je ne veux pas m'arrêter. Je ne peux pas. Pas ici. J'aurais l'impression de ne plus pouvoir en repartir. Et je veux être à Calgary ce soir. Encore six cents kilomètres ! Un calvaire...

Je traverse donc la ville sous le soleil de midi, à moitié endormi, assommé par la chaleur et la fatigue. C'est tout juste si je vois les feux tricolores tant la luminosité du ciel est aveuglante.

Au sortir de la ville, après les derniers motels, les derniers garages, les derniers entrepôts, le désert reprend sous le ciel brûlant. Collé à mon siège par la sueur, j'ai l'impression que mon passage n'a réveillé personne dans ce bois dormant sans arbres et sans belle...

La route se déroule devant mes yeux comme un ruban brillant. J'ai du mal à rester attentif. Heureusement qu'elle est droite. Ou bien est-ce pour cette raison que je m'endors ?

J'accumule les kilomètres dans un demi-abrutissement. Qu'est-ce que ce serait si je devais aller jusqu'à Terre-Neuve ! Je me demande ce qu'il y a de part et d'autre de la Transcanadienne. De temps en temps une route la croise, venant de nulle part. Menant probablement vers un autre nulle part...

Subitement, dans ce désert abrutissant, deux yeux ! Deux phares qui s'encadrent dans mon rétroviseur. La voiture semble surgir du vide. Très vite, elle vient se coller à moi. Une Jaguar, dirait-on. Évidemment, avec un moteur pareil...

Mais pourquoi ce bolide ne me double-t-il pas ? La route est droite, la voie est libre, rien ne l'empêche de me dépasser comme si je n'étais qu'un vulgaire escargot. Pourtant non. On dirait que le conducteur de ce bijou d'automobile a décidé de me suivre. Nous ne sommes que deux dans cet espace vide et brûlant.

Ça devient vite énervant. Ce type reste collé à moi comme s'il n'en pouvait plus d'être seul sur cette route interminable, comme s'il avait décidé de ne plus me lâcher. Ça ne fait pas mon affaire, je ne suis pas d'humeur à supporter de la compagnie, surtout après ce qui m'est arrivé cette nuit...

Plus loin, j'aperçois une de ces petites routes transversales qui paraissent n'avoir aucune raison d'exister. Je vais lui en donner une, moi ! La bretelle de sortie est maintenant toute proche. Freinant brusquement, je m'y engage sans prévenir et la Jaguar, faisant une embardée pour m'éviter, accélère subitement et disparaît.

La route secondaire passe sous la Transcanadienne. Je la traverse lentement et me gare sur la bretelle de raccordement, de l'autre côté, prêt à repartir.

Le passage est particulièrement étroit, mais je ne gênerai personne, dans ce *no man's land*. De la route principale, on ne doit même pas me voir. Je serai tranquille. Inutile de repartir tout de suite, je n'en peux plus. Je bloque mes serrures, m'étire, fais basculer mon siège vers l'arrière et me laisse aller à la somnolence.

Des cris ! Des coups sur la voiture ! Je me redresse brusquement. C'est elle ! La Jaguar est garée juste derrière ma voiture et, accroché à ma portière, un type la secoue comme s'il voulait l'arracher. Tout ça parce que je lui ai fait une petite queue de poisson ?

— Calmez-vous, mon vieux, dis-je en baissant ma vitre à demi. Il n'y a pas de quoi déclencher une guerre nucléaire...

Effectivement, il se calme. Je remarque alors qu'il tient un revolver braqué sur moi, le canon à quelques centimètres de mon visage. Je ne laisse pas à la peur le temps de me tomber dessus. D'instinct, j'ouvre brutalement ma portière dans le ventre de mon agresseur.

Déséquilibré sous le choc, le type roule dans la poussière sur le bas-côté. Avant qu'il ait pu se relever, jaillissant de la voiture comme un diable, je me jette sur lui, le prends au cou et lui assène un revers magistral.

Un coup, un autre ! Sa tête part sur le côté et heurte violemment une pierre aux angles coupants. Ça y est ! Enfin, il ne bouge plus. Trempé de sueur, des visions ensanglantées dans les yeux, je reste un instant courbé sur le corps de mon adversaire inerte, reprenant mon souffle, me calmant peu à peu.

Alors je me relève et contemple l'inconnu allongé sur le sol jaunâtre. Pour être immobile, il est immobile. Un peu trop même... Je le touche du bout de ma chaussure. Aucune réaction. Je m'agenouille près de lui, colle mon oreille sur son cœur. Rien. Aucun battement...

Je me redresse de nouveau, jetant un regard anxieux autour de moi. La campagne est silencieuse, nue et vide. Pas une voiture, pas un camion en vue sur la route. Je suis seul avec ce mort que je ne connais ni d'Ève ni d'Adam.

Deux cadavres en moins de vingt-quatre heures ! Mon père, hier soir, et cet inconnu maintenant... Ce n'est pas possible ! C'est une vraie malédiction !

2

UN PARRICIDE

On me l'avait prédit, c'est vrai. Ma mère, autrefois, me l'a souvent répété, dans ses crises de découragement à propos de ma mauvaise conduite : « Marcus, un jour tu finiras par tuer ton père. »

Je ne sais pas si elle le pensait vraiment, ce n'était peut-être qu'une façon de parler mais, finalement, l'événement a eu lieu. Malgré moi, je m'empresse de le dire. C'était une erreur. Mais je l'ai fait...

Ça s'est passé hier soir, dans notre maison de Vancouver. Dans la maison de mon père, plus exactement. À la mort de ma mère, il y a cinq ans, celui-ci a en effet liquidé le grand appartement du centre-ville où j'ai passé mon enfance et déménagé dans un petit pavillon, à la périphérie de Vancouver.

Chercheur à l'Institut de microbiologie de Vancouver, le professeur André Arbuckle menait depuis plusieurs années une carrière brillante. De mon côté, enfant gâté — vaguement mauvais sujet, il faut bien le dire —, je m'appliquais à dilapider l'argent qu'il gagnait sans avoir le temps de le dépenser.

Trop occupé par ses travaux, sans doute, mon père ne me demandait rien en échange et, pour ma part, je n'éprouvais aucun besoin de le voir. Dans mon petit appartement de Granville, je menais une joyeuse vie d'étudiant dont le papa a eu de la chance...

Mes rapports quasi inexistants avec lui en étaient là lorsque, hier soir, contrairement à ses habitudes, mon père m'a appelé. Sa voix tremblait, il bafouillait, je n'arrivais pas à comprendre ce qu'il me voulait.

— Il faut absolument que tu viennes, a-t-il fini par articuler. J'ai besoin de toi, Marcus. Vraiment besoin...

Il n'a pas pu — ou voulu — m'en dire davantage. J'ai vaguement compris qu'il se sentait menacé, que quelqu'un lui en voulait ou le recherchait, je ne sais pas.

J'ai essayé de prendre cela à la blague, mais mon père était réellement inquiet. En fait, la peur semblait le dominer totalement. En fin de compte, à sa demande, j'ai sauté dans un taxi et filé chez lui.

Perdue entre les arbres du jardin dans la nuit tombante, la maison avait un petit côté vieillot qui correspondait parfaitement aux goûts de mon père. Je n'y avais mis les pieds qu'une seule fois, cinq ans auparavant, lorsqu'il l'avait achetée, mais j'avais tout oublié de l'agencement intérieur.

Mon père m'a accueilli sur le pas de la porte avec une sorte de chaleur qui m'a étonné, étant donné la rareté de nos relations. Puis, après avoir jeté un coup d'œil anxieux par-dessus mon épaule et demandé si personne ne m'avait suivi, il m'a fait entrer et a refermé la porte à clé.

Cette comédie m'agaçait un peu, je dois l'avouer. Quel cinéma s'était-il monté, lui, l'honorable spécialiste des maladies tropicales, pour adopter cette conduite sortie tout droit d'un mauvais film des années cinquante ?

Il m'a d'abord conduit à son bureau, au rez-de-chaussée, puis m'a montré la chambre d'amis, tout à côté. Ma chambre, a-t-il précisé.

— Ma chambre ? me suis-je écrié.

— Oui, a-t-il dit d'un ton hésitant. Je voudrais que tu restes chez moi quelque temps. C'est possible, n'est-ce pas ? Tu dormirais ici...

— Mais enfin, qu'est-ce qui se passe ? Tu as peur du noir, maintenant ? Tu as rencontré des fantômes ?

— Je ne plaisante pas, Marcus, a-t-il répliqué d'une voix sombre. Je cours un réel danger...

— Appelle la police.

— Je l'ai déjà fait et on m'a répondu que ma protection était assurée comme celle de n'importe quel citoyen. Mais je n'y crois pas. Je... je n'ai pas pu leur donner tous les détails et ils ne peuvent pas mesurer l'ampleur du problème. L'affaire est... effrayante.

Mon père paraissait désolé par mon air sceptique, mais, s'il ne se décidait pas à m'exposer son cas plus clairement qu'il ne l'avait fait avec les flics, je n'avais aucune raison de le prendre davantage au sérieux.

Il a tenté de m'expliquer ce qui le tracassait, mais je dois dire que je n'y ai pas compris grand-chose.

De quoi s'agissait-il ? Il revenait d'un voyage en Afrique et avait en sa possession quelque chose, un objet ou des documents, je n'ai pas pu le savoir, quelque chose d'infiniment précieux, en tout cas — ou d'extrêmement dangereux ! — qu'on cherchait à lui extorquer. Qui ? Là encore, il refusait de donner des détails.

— Tout ceci est absolument confidentiel, a-t-il dit, mais dans quelques jours je serai libéré de ce poids et tout sera terminé. D'ici là, j'ai besoin d'aide. De protection. Je... je ne connais personne d'autre que toi. Personne à qui je puisse demander ce genre de service, je veux dire...

Finalement, j'ai accepté. Mon père m'envoie un chèque chaque mois sans que j'aie à lui rendre de comptes, je ne tenais pas à me fâcher avec lui pour si peu. Je ferais donc le garde du corps.

Avant de monter se coucher, il m'a encore montré un revolver qu'il conservait

— au cas où, a-t-il précisé avec un sourire crispé — dans un tiroir de son bureau. J'ai voulu lui dire qu'un tiroir situé au rez-de-chaussée n'était pas la place idéale où ranger une arme pour quelqu'un qui se sent menacé et dort à l'étage supérieur, mais je m'en suis abstenu. Manifestement, mon père était au-dessus de ce genre de détails...

Il est enfin monté se coucher en m'assurant que dès demain, il essaierait de m'éclaircir un peu mieux la situation.

Après avoir tourné en rond un moment, essayé de commencer quelques livres dont je n'arrivais pas à lire plus de dix lignes, je me suis résigné à me coucher à mon tour.

Il m'a fallu du temps avant de trouver le sommeil. J'étais perplexe. Dans quelle histoire invraisemblable avais-je fourré les pieds ? Et mon père, donc ! De quel trésor était-il le dépositaire, et qui cherchait à l'en dépouiller ? Dans quel genre de trafic s'était-il laissé prendre ? Pourquoi la police devait-elle rester plus ou moins à l'écart ?

Un individu était venu dans l'après-midi, semble-t-il, lui faire des propositions qu'il avait rejetées avec indignation. Depuis, il vivait dans l'angoisse que le type revienne en force. Alors il avait pensé à moi. C'est gentil, pensais-je avec ironie, mais que ferais-je si une armée de gorilles débarquait ici pendant la nuit ? Je ne suis pas Tarzan, moi...

Au bout du compte, cette histoire me paraissait ridicule et je m'en voulais de m'être laissé embobiner par mon père. C'est donc d'assez mauvaise humeur que j'ai fini par m'endormir.

Tard dans la nuit, je me suis réveillé brusquement et me suis redressé dans mon lit, mal à l'aise. Un rêve ? Non, je ne me souvenais pas d'avoir rêvé. La maison était silencieuse. J'ai regardé ma montre : quatre heures du matin.

Tout à coup, un craquement m'a fait sursauter. Puis j'ai entendu des pas à l'étage. C'est normal, me suis-je dit en riant de ma propre frayeur. À son âge, mon père doit se lever plusieurs fois dans la nuit...

Pourtant, je n'ai pas pu me recoucher. Ce bruit de pas n'était pas si normal que je l'avais d'abord pensé. Quelqu'un qui se lève la nuit pour ses petits besoins ne prend pas toutes ces précautions. Or, l'inconnu, là-haut, se déplaçait avec une extrême lenteur, avec la volonté évidente de faire le moins de bruit possible. Mon père prenait-il autant soin de mon sommeil ?

Je me suis levé. Tout ça me semblait louche. À peine étais-je debout qu'un nouveau craquement me parvenait, suivi d'un choc et d'une sorte de long grincement. Ou bien s'agissait-il d'un cri étouffé ?... Le son provenait du couloir sur lequel débouche l'escalier principal. Je suis sorti de ma chambre.

En passant devant la porte du bureau, je me suis souvenu du revolver dans le tiroir. Étais-je en train d'entrer dans le jeu de mon père qui, il y a quelques heures à peine, me paraissait grotesque ? Peut-être, mais l'atmosphère lugubre de cette maison noyée dans l'ombre et ces bruits inexplicables m'avaient rendu nerveux.

Silencieusement, j'ai donc pénétré dans la pièce pour me munir de l'arme. J'ai vérifié, elle était chargée. Étonnant, de la part de mon père. Ce n'est pas le genre d'un inoffensif professeur... Était-il vraiment menacé par une bande de malfaiteurs ?

Anxieux, redoublant de précautions, j'ai quitté le bureau et me suis engagé dans l'escalier. Le silence était maintenant total, la montée m'a paru interminable. Parvenu à la dernière marche, je me suis arrêté.

Vers la droite, le couloir baignait dans une sorte de clarté pâle. Sans doute une fenêtre. À gauche, c'était un peu plus sombre. C'est là qu'il m'a semblé entendre un bruit, presque imperceptible. Un souffle léger, une respiration gênée, qu'on essaie de retenir...

Je suis resté un long moment immobile, osant à peine respirer moi-même. Que faire ? Je n'allais quand même pas passer la nuit dans cette position... Alors j'ai lentement levé le revolver à la hauteur de mon épaule, comme je l'ai vu faire dans les films d'espionnage et, brusquement, je me suis élancé dans le couloir.

Tout s'est passé comme dans un éclair. J'ai aperçu une silhouette se détacher vivement dans la pénombre en brandissant sur moi un revolver. Sans réfléchir, j'ai tiré et me suis jeté sur le sol. J'ai fait une roulade et me suis retrouvé au bout du couloir.

La détonation m'avait fait l'effet d'un coup de tonnerre assourdissant. Le silence qui s'ensuivait était, par contraste, sépulcral. Visiblement, j'avais atteint mon adversaire. Je me suis relevé en scrutant l'autre extrémité du couloir.

Le mur du fond était occupé par un immense miroir au pied duquel je distinguais vaguement une forme allongée sur le sol. Les nerfs à vif, je m'en suis approché à pas lents. L'homme était couché sur le dos, immobile, la poitrine en sang. Aucune arme dans les mains. Arrivé près de lui, je l'ai enfin reconnu.

C'était mon père !

3

En fuite

J'étais atterré ! Comment une telle erreur avait-elle pu se produire ? Comment avais-je pu tuer mon propre père alors que j'étais censé le défendre ?

Aucune arme en vue, à part celle que je tenais encore à la main. Agenouillé près de lui, les tempes bourdonnantes, je ne savais que penser. Puis, en relevant la tête, j'ai aperçu dans le vaste miroir ma mine ahurie et décomposée. J'ai failli ne pas me reconnaître. Quel choc ! Soudain, je venais de comprendre !

La silhouette que j'avais aperçue pointant son arme sur moi n'était autre que mon propre reflet ! Effrayé par moi-même, par mon geste, je m'étais tout simplement tiré dessus et mon père, qui devait se trouver là, revenant peut-être des toilettes, avait reçu la balle destinée à son hypothétique agresseur !

Étais-je vraiment responsable ? Il s'agissait d'un accident, bien évidemment. Je n'avais fait, en fin de compte, que ce que mon père m'avait demandé de faire. C'est lui qui, au fond, s'était tué lui-même en s'imaginant poursuivi, en se montant ce scénario invraisemblable de bandits en voulant à ses biens. Il en était mort...

Tout à coup, un râle m'avait tiré de mes pensées. Mon père soulevait ses paupières et remuait ses lèvres. Il était encore vivant ! Je me suis penché vers lui.

— Papa, ai-je chuchoté à son oreille, je te jure, ce n'est pas ma faute ! Je... je vais appeler un médecin...

— Inutile, a-t-il murmuré. Il est trop tard...

Il s'est aussitôt affaissé. J'ai essayé de le prendre dans mes bras, de le soulever légèrement. Je lui ai parlé doucement. De nouveau, il a ouvert les yeux à demi. Ses lèvres ont frémi. Un filet de sang a coulé à la commissure. Puis, réunissant ses dernières forces, il a réussi à articuler péniblement :

— Minski... Docteur Minski... Calgary...

Et sa tête a roulé sur le côté. C'était fini.

Il y a eu comme un grand trou noir. Combien de temps suis-je resté là, la tête de mon père sur les genoux, incapable de prendre la moindre décision ? Tout cela n'était-il qu'une erreur monumentale, une gaffe engendrée par un délire paranoïaque, ou bien, au-delà de cette tragique méprise, y avait-il réellement un complot à l'œuvre ? Pourquoi mon père, avant de mourir, avait-il prononcé le nom d'un médecin d'une autre province ?

À ces questions sans réponse s'ajoutait la suivante, aux conséquences incalculables pour moi : comment allais-je expliquer la situation à la police ? Un fils qui n'a pratiquement pas vu son père depuis cinq ans et qui l'abat presque à bout portant, le soir même de ses retrouvailles avec lui, peut-il faire valoir sa bonne foi ?

Dans tous les cas, j'étais mal parti et je n'y pouvais pas grand-chose. Il n'y avait plus rien à faire. Mon père venait de mourir dans mes bras et, malgré toute ma bonne foi, la police ne croirait jamais à l'accident. Je nageais en plein cauchemar... Une seule chose me semblait réelle, un seul détail m'ancrait encore dans la réalité : le nom de ce docteur de Calgary.

C'est alors que, désorienté par la rage et l'impuissance qui se disputaient mes pensées, j'ai enfin pris une décision, presque sans réfléchir à la portée de mes actes. J'irais à Calgary, je retrouverais ce médecin et je lui ferais cracher son venin...

Cela ne faisait en effet aucun doute pour moi : si mon père avait trouvé la force de prononcer son nom avant de mourir, c'est que ce Minski était le personnage clé de toute l'affaire, qu'il y était profondément impliqué et, d'une manière ou d'une autre, qu'il était responsable de ce qui venait de se produire.

Qui était Minski et de quelle façon était-il lié à mon père, c'est ce que j'allais apprendre. Je ne savais qu'une chose : ce type était à l'origine de tout le drame, et il allait payer !

Je ne pouvais cependant pas quitter Vancouver en laissant les choses dans cet état. Pas question non plus d'appeler la police. Je me souvenais du secret qu'il semblait nécessaire à mon père de maintenir autour de ces événements. Je lui serais au moins fidèle sur ce point.

À défaut de faire disparaître le cadavre, il fallait donc effacer le meurtre. Une seule solution m'apparaissait. Une machination peu glorieuse, d'accord, mais je n'avais pas le choix.

Rapidement, j'ai donc essuyé le revolver, que j'ai placé tant bien que mal dans la main droite de mon père. Je n'avais touché à rien d'autre dans la maison, il me semble, je ne laisserais donc aucune trace de mon passage, et la police, en découvrant le cadavre, conclurait au suicide...

Cette macabre mise en scène effectuée, je suis redescendu dans ma chambre pour me laver les mains et refaire le lit le plus soigneusement possible. Enfin, récupérant les quelques objets que j'avais apportés avec moi, je me suis dirigé vers la sortie.

Sur une commode, près de la porte d'entrée, j'ai aperçu un trousseau de clés. Parmi celles-ci, une clé de voiture. Celle de mon père, probablement. Je l'avais aperçue en arrivant : une vieille Chrysler datant de l'époque de ma mère. Je n'ai hésité que quelques secondes. Je me suis emparé de cette clé et ai ouvert la porte. La Chrysler était toujours là.

Jetant un coup d'œil dans la rue, j'ai vérifié que personne ne me voyait sortir de la maison et je suis monté dans la voiture.

Les rues de ce quartier du sud de Vancouver étaient désertes. Je n'ai pas voulu repasser chez moi. Une seule idée me guidait. Trouver le docteur Minski et lui extorquer la vérité sur cette sinistre histoire.

Le jour se levait. J'ai pris la Transcanadienne vers l'est et j'ai roulé sans arrêt, jusqu'à ce coin pelé de l'est de la Colombie-Britannique où un imbécile en Jaguar s'est pris pour le roi de la route et en est mort. De jeune homme insouciant, un peu turbulent peut-être, j'étais devenu, en quelques heures, deux fois assassin !

Me voici donc seul maintenant au milieu de cette campagne hostile, avec un nouveau cadavre sur les bras. D'où sort-il, ce type ? Sûrement pas un gars du coin. D'ailleurs, il n'est pas habillé comme un cultivateur. Costume sombre, chaussures de marque, de la classe, quoi !

Du coup, je me demande qui il peut bien être et pourquoi il se trouvait dans un endroit pareil, à me chercher noise, plutôt que dans un casino en Floride ou à Las Vegas. Ça m'intrigue. Dans quel pétrin est-ce que je viens encore de me fourrer ?

Je n'ai qu'une chose à faire : mettre le plus de kilomètres possible entre ce cadavre et moi. Et oublier...

Oui, je n'ai que ça à faire, et rapidement. Alors, pourquoi est-ce que je reste planté là, à contempler cette Jaguar qui pourrait m'emporter à Calgary en quelques heures ?

Mes yeux vont de la Jaguar à la Chrysler, s'arrêtent sur le cadavre en costume noir. De nouveau, je suis en proie à l'indécision. Je me demande si j'ai eu raison de prendre la voiture de mon père. Je connais la réponse, bien sûr. C'était une bêtise. Une erreur monumentale. Le moindre contrôle de police et je suis fait comme un rat !

Quant à cet inconnu qui gît sur le sol poussiéreux, la tempe éclatée sur une pierre, il ne va pas rester longtemps incognito. L'endroit n'est certainement pas aussi désert qu'il en a l'air. Tôt ou tard, un cow-boy va passer par ici et le découvrir, avertir la police. Et la chasse commencera. Jamais je n'arriverai à Calgary...

En premier lieu, il s'agit donc de faire disparaître le corps. Je ne vois qu'un endroit : le coffre de sa propre voiture ! Là-haut, sur la Transcanadienne, toujours pas un bruit. Même les poids lourds doivent faire la sieste. C'est le moment...

J'empoigne le cadavre par les épaules et le traîne jusqu'à la Jaguar. Le coffre est fermé à clé, mais celle-ci se trouve sur le tableau de bord. Le coffre ne contient qu'un sac de voyage et une petite valise de cuir noir, que je repousse tout au fond. Puis, transpirant sous le soleil, j'y fais basculer le corps et referme le capot. Et maintenant ?

Je ne peux plus garder la Chrysler, c'est trop dangereux. J'ai été idiot de prendre cette voiture, mais il est trop tard pour m'en plaindre. La voiture est là, et je ne peux pas la mettre dans ma poche...

C'est toujours ainsi. C'est plus fort que moi. Je suis la proie de mes pulsions, je ne les maîtrise pas. Je ne réfléchis pas, je n'agis jamais autrement que par instinct. Un criminel dans mon genre, ça ne met pas longtemps avant de se retrouver en prison...

Je ne vois qu'une façon de m'en sortir. Abandonner la Chrysler ici même et prendre la Jaguar. Du même coup, je me débarrasserai de cette encombrante pièce à conviction et je ferai disparaître la victime et sa propre voiture.

Rapidement, j'essuie sur la voiture de mon père, avec un chiffon, toute empreinte susceptible de me trahir. Puis je retourne à la belle Anglaise, dans laquelle je m'installe. Au moins, celle-ci a l'air conditionné.

Je claque la portière, enclenche la clé de contact. Une sueur désagréable coule le long de mon dos et sur mes mains. Le volant est poisseux, j'ai mal à la tête. J'ai l'impression que le cadavre, derrière moi, commence à sentir... Mais il est trop tard pour reculer. Je démarre et m'arrache en trombe à cette route poussiéreuse.

De nouveau, je suis en fuite.

4

Calgary

Bon sang ! Conduire une voiture pareille, c'est quelque chose ! À tout moment je dois ralentir, me rendant compte, en jetant un coup d'œil au compteur de vitesse, que je dépasse les 160 ! Une vraie merveille.

J'apprécie particulièrement la puissance et la stabilité du bolide en arrivant dans les montagnes. Je double les camions dans les côtes avec un rugissement de moteur, je sens sous mes pieds la force brute d'une mécanique qui semble pourtant ne donner qu'une infime partie de ses possibilités. Dommage qu'elle ne me soit pas tombée entre les mains en d'autres circonstances...

Néanmoins, je dois être prudent. Ce n'est pas le moment d'attirer l'attention de la police. D'ailleurs, aussitôt arrivé à

Calgary, mon intention est d'abandonner la Jaguar quelque part et d'oublier jusqu'à son existence.

Les kilomètres défilent, monotones, sans que je prête attention à ce paysage montagneux qu'on dit pourtant magnifique. Puis, après Banff et Canmore, la montagne disparaît progressivement et la plaine reprend ses droits. Une plaine jaune et sèche qui conduit à Calgary.

Quitter Vancouver pour voir ça ! Loin sur ma gauche, avant d'arriver en ville, j'aperçois des lotissements grisâtres ou terreux qui me font penser davantage à du crottin séché sur le cul d'une vache qu'à des maisons...

Puis apparaissent, à ma droite, les constructions datant des Jeux olympiques de 1988. Pistes de saut à ski, de bobsleigh... Le tout a l'air abandonné sous l'accablant soleil d'été. La Transcanadienne s'engouffre en ville. Enfin, je crois. Des maisons, quelquefois, mais surtout d'immenses terrains couverts d'une herbe jaunie.

Sur la droite, j'aperçois une rivière, qui doit être la Bow, serpentant au fond d'une vallée. Un panneau indique le centre-ville. Je quitte cette voie rapide mais désolée et m'engage sur Bowness Road. La route suit la rivière et me conduit vers une zone qui ressemble davantage à une ville.

Un pont, puis me voilà dans la 9e Avenue Sud-Ouest. Je n'ai qu'une envie : aller me coucher. Mais, avant tout, me débarrasser de la voiture. Je me mets en quête d'un stationnement souterrain, ce sera plus discret.

Je n'ai que l'embarras du choix. À la hauteur de la 2e Rue, je ralentis et m'engouffre dans un stationnement public. La pénombre qui règne ici me fait du bien, après ce bain de lumière qui m'a usé les yeux toute la journée.

Pas de gardien. C'est un distributeur automatique de tickets qui en fait office. Pas de témoin, donc. Parfait. Je descends jusqu'au dernier niveau, celui qui me semble le moins fréquenté. Je ne tiens pas à ce qu'un usager me remarque. Je gare la Jaguar derrière un pilier, dans une zone pratiquement déserte.

Après avoir coupé le moteur, je réfléchis un moment. Tout d'abord, effacer les empreintes. Et puis, je dois avouer qu'une envie me démange. Pressé par l'urgence, quand j'ai chargé le type dans son coffre, je n'ai pas eu le loisir d'examiner ses poches, d'essayer de savoir qui il était. Mais ici, maintenant... ?

C'est risqué, mais la curiosité me dévore. Je peux d'ailleurs apprendre quelque chose d'intéressant. Après avoir essuyé l'habitacle pour en faire disparaître toute trace de doigts, je sors de la voiture. Je reste un instant aux aguets. Aucun bruit, pas âme qui vive.

J'ouvre donc le coffre et entreprends une fouille sommaire. Rien de passionnant dans le sac de voyage : effets personnels, trousse de toilette. La mallette noire, elle, est fermée à clé. Rapidement, réprimant une envie de vomir, je fais les poches du cadavre.

Je n'y trouve qu'un portefeuille, que je mets de côté pour l'examiner plus tard, dans un endroit où je ne risquerai pas d'être dérangé, et un petit bout de papier froissé en boule au fond d'une des poches du pantalon.

Je glisse le tout dans mes propres poches, referme le coffre, verrouille la voiture et m'éloigne après avoir essuyé une fois encore chaque endroit susceptible de porter mes empreintes.

Lorsque je retrouve la rue, je respire enfin. Il est maintenant impossible d'établir un lien entre ce cadavre et moi. J'ai le champ libre.

Dans le bar où je me retrouve pour me rafraîchir, je n'ose pas sortir le portefeuille du mort. Trop de monde. On a l'air de s'amuser, à Calgary. Je savais que les gens des Plaines étaient un peu... disons, euh... agricoles, mais là, ça dépasse ce que j'avais imaginé.

Chapeaux de cow-boy et bottes de cuir, autant pour les serveurs que pour les clients. Sur les écrans de télé qui parsèment les murs, au lieu des habituels matchs de hockey ou de base-ball, ce ne sont que rodéos et courses de chariots. On vit toujours à l'époque des vaches, ici ? Oui, une fois par an, à cette période de l'année. Le Stampede. Un rodéo monstre... Et moi qui n'ai jamais approché un cheval !

Peu importe. Tout ce qui m'intéresse, pour le moment, c'est ce portefeuille, dans ma poche, qui me brûle la peau. N'y tenant plus, je me dirige vers les toilettes pour m'isoler et pouvoir l'examiner à mon aise.

Portefeuille de cuir noir, avec initiales en lettres dorées. Très chic. À l'intérieur, un permis de conduire de l'Alberta. Ce document m'apprend que ma victime s'appelle Klein et est domiciliée dans le sud-ouest de la ville. Quelques cartes de crédit et... une impressionnante liasse de billets. Seulement des grosses coupures ! Il y en a là pour une petite fortune ! Que faisait ce type avec une somme pareille sur lui, en liquide ?

Je ne le saurai sans doute jamais, mais ce que je sais, c'est que cet argent tombe à point. Je glisse les billets dans ma poche et, avant de sortir des toilettes, je jette le reste dans une poubelle. Puis je sors du bar et me mets à la recherche d'un hôtel.

Plus tard, marchant dans la rue, mains dans les poches, je retrouve ce petit papier que Klein gardait lui aussi dans la poche de son pantalon. Sans m'arrêter, je l'extirpe et le déplie. Quelques mots griffonnés au crayon, à la hâte sans doute, car l'écriture est déplorable. J'ai du mal à la lire. Finalement, m'étant immobilisé un instant, je parviens à la déchiffrer : *The Newt, 24.*

Qu'est-ce que ça peut vouloir dire ? Il s'agit peut-être d'un nom de lieu. Ça ressemble à un nom de club, d'ailleurs. Le Newt 24. Ça sonne bien.

J'entre dans un autre bar pour y chercher un annuaire. J'avais raison. Le Newt est un bar situé dans le nord-ouest. Sans doute Klein y avait-il rendez-vous. Mais c'est le Newt tout court. Et nous sommes le 10 juillet. Que signifie alors le 24 ?

Assis devant une bière et un sandwich, je me demande pourquoi je me pose toutes ces questions. Je ferais mieux de tirer un trait sur ce cadavre et me mettre en quête du docteur Minski. Cependant, une intuition qui n'a fait que m'effleurer pendant la route est en train de revenir à la surface et de s'imposer à moi.

Pourquoi un inconnu, apparemment très affairé, a-t-il perdu du temps à rebrousser chemin, sur une route déserte, pour venir me menacer avec un revolver ? Tout ça pour une malheureuse queue de poisson qui n'en était même pas une ?

C'est seulement maintenant que je me rends compte que cette idée est ridicule. Si ce type roulait derrière moi, presque contre mon pare-chocs, ce n'était pas par impossibilité de me doubler. Il avait toute la place nécessaire. Non, ça me semble évident : il me suivait !

Ou, plus exactement, il suivait ma voiture. Je ne connais aucun Klein, ni de près ni de loin, et le visage de celui-ci m'était tout à fait inconnu. Alors, s'il ne me cherchait pas, pourquoi me talonnait-il ainsi ? À cause de la voiture, bien sûr ! C'est la vieille Chrysler qu'il avait reconnue. Klein serait donc tout simplement l'individu venu la veille chez mon père pour lui extorquer ce fameux objet dont je ne sais toujours rien !

Sacrée coïncidence ! Et pourtant... Il n'y a qu'une seule route, de Vancouver à Calgary. Avec son bolide, il avait toutes les chances de me rattraper, même en partant plus tard dans la matinée.

J'ai la cervelle en ébullition. Klein serait donc un complice du docteur Minski, et le Newt l'endroit où ils devaient se rencontrer. Mais quand ? Et comment reconnaître Minski ?

Soudain la réponse à la première question me saute aux yeux. Le jour du rendez-vous est probablement aujourd'hui, puisque Klein revenait à Calgary. Quant à l'heure, c'est évidemment minuit. Vingt-quatre heures ! The Newt, 24 !

Bien sûr, il n'est pas question de me faire passer pour Klein, j'irai seulement en observateur, et j'espère bien découvrir ce mystérieux Minski. Il est vingt heures, j'ai donc tout mon temps. En particulier, le temps de m'acheter de nouveaux vêtements, car les miens doivent commencer à sentir le fauve...

En sortant du bar, je fais quelques pas et me retrouve dans la 8e Avenue. Les magasins de vêtements n'y manquent pas. Mes emplettes faites, je me mets en quête d'un hôtel, ce qui n'est pas difficile dans ce quartier.

Je reviens dans la 9e Avenue et entre dans le premier hôtel venu, le Palliser, un de ces établissements de luxe devant lesquels un pauvre type déguisé en général d'opérette fait les cent pas. Puisque je suis devenu riche, je ne vais rien me refuser.

La chambre est spacieuse. Après une douche que je fais durer avec plaisir, je commence à me relaxer un peu.

Plus tard, quand je sors enfin de l'hôtel, rasé et vêtu de neuf, il ne me manque plus que des lunettes noires pour ressembler à un chasseur d'extra-terrestres. Coïncidence ou humour noir : de loin, on pourrait presque me prendre pour Klein...

5

Dr MINSKI ?

Le Newt se trouve dans un quartier nommé Kensington, de l'autre côté de la rivière Bow. J'y arrive vers minuit moins le quart. Malgré l'heure tardive, c'est un coin assez animé, plein de restaurants, de cinémas, de boutiques. Ça ressemble à une vraie ville. On se croirait à Vancouver !

Le bar se trouve dans une petite rue perpendiculaire à Kensington Road. Je m'installe tranquillement à une table libre. Tout en examinant la salle, je suis surpris d'entendre parler français un peu partout. Me voilà transporté à Montréal ? Qu'est-ce que c'est que ce repaire de grenouilles ?

Presque minuit. À part tous ces gens qui parlent français, je ne vois personne qui ait une tête à avoir un rendez-vous avec un gangster.

Tout à coup, sans que je l'aie vu arriver, un grand type se trouve devant moi. Il est habillé de noir. Il se penche vers moi et murmure :

— Klein ?

Sans même réfléchir, je m'entends lui répondre :

— Oui.

Je suis fou ! Qu'est-ce qui me prend ? Ça ne me suffit pas de me précipiter tête baissée dans les pires complications ? Je suis venu ici pour observer, pour tenter de comprendre qui est à l'origine de cette affaire qui a causé la mort de mon père, et, au lieu de rester à l'écart, une fois de plus, je plonge dans la mêlée...

Le type s'assoit en face de moi. Ma réponse n'a pas l'air de l'étonner. Manifestement, il ne connaît pas Klein personnellement. Ils avaient dû convenir de s'habiller de noir tous les deux, en signe de reconnaissance. Dans l'ambiance du Stampede, comme discrétion, on fait mieux... Et moi, comme un imbécile, j'entre dans le jeu !

L'inconnu me dévisage longuement, puis il s'agite, se penche, regarde sous la table. Son air méfiant me met mal à l'aise. Je me suis jeté dans ce piège en dépit de tout bon sens et je ne sais plus comment m'en sortir. Parler le moins possible, esquiver...

— Vous n'avez pas la marchandise avec vous ? fait l'homme après avoir terminé son examen.

Il me regarde droit dans les yeux. Il me faut gagner du temps sans être évasif. Contre-attaquer. Essayer de savoir, peut-être, en quoi peut bien consister la mystérieuse marchandise en question. J'imagine mal mon père trempant dans une banale affaire de drogue... Je lance au hasard :

— Vous ne croyez pas que je me trimballe avec une cargaison pareille sans être certain de mon coup, non ?

— Bien sûr, bien sûr, répond le type en se fendant d'un sourire mauvais. La belle catastrophe, si le contenu de la valise disparaissait dans la nature...

Catastrophe ? Quel genre de catastrophe ? Mon père était biologiste, pas fabricant d'armes. Ce fameux produit ne serait-il pas plutôt un médicament inédit, qu'il n'aurait pas eu le temps de faire breveter et dont une firme concurrente chercherait à s'emparer? C'est possible.

Après tout, les laboratoires brassent plus d'argent que n'importe quelle autre industrie, et ils sont prêts à tout pour être les premiers à mettre sur le marché un nouveau produit. Me voilà donc pris dans une basse guerre commerciale entre sociétés ennemies. C'est à vous dégoûter d'être malade...

L'inconnu, en face de moi, me regarde toujours. Son sourire a maintenant disparu. Il reprend d'un ton sec :

— Je suppose que vous n'avez laissé aucune trace derrière vous, aucun témoin.

— Vous me prenez pour un débutant?

— Et Arbuckle?

— Liquidé.

Je frémis en prononçant ce mot. Le pire, c'est que je ne mens pas! J'ai effectivement «liquidé» mon père... Je serre les poings, essayant de réprimer une nausée. Curieusement, le type, lui aussi, se raidit.

— Ce n'était pas prévu, fait-il d'une voix coupante. Ça risque de nous causer des ennuis. Vous savez très bien que ce genre d'affaire demande un maximum de discrétion. Vous deviez être « persuasif », sans plus...

— J'ai maquillé le meurtre en suicide.

Mon interlocuteur ne bronche pas. Moi, en revanche, je me demande comment j'arrive à me contenir, comment je parviens à jouer ce jeu ignoble sans m'effondrer... Ce n'est pourtant pas le moment de flancher. Le gars doit être armé, tout comme Klein l'était...

Je regrette un instant d'avoir laissé le revolver avec le cadavre, dans le coffre de la Jaguar. Désarmé, je fais un gibier facile. Quant à la minuscule valise noire, je me rends compte que j'aurais dû la mettre en sûreté. J'aurais dû, j'aurais dû... J'aurais surtout dû rester à Vancouver et me faire oublier ! Je ne suis pas taillé pour ce genre d'aventure, voilà tout. Mais comment m'extirper de cette nasse, à présent ?

— Bon, reprend enfin l'autre. Il est trop tard pour y changer quoi que ce soit, de toute façon. Tout ce qu'il vous reste à faire, maintenant, c'est de me remettre la valise et disparaître. Soyez ici demain soir, à la même heure. Vous laisserez la valise sous votre siège et vous partirez lorsque j'arriverai. Il est hors de question de vous remettre l'argent avant vérification, bien entendu. Votre avance était assez confortable. Quant à Arbuckle, eh bien, c'est votre problème. Mais n'oubliez pas que, quoi qu'il arrive, je ne vous ai jamais rencontré, jamais vu, jamais entendu...

Moi non plus, ai-je envie de rétorquer...

Soudain, tandis qu'il se lève pour partir, je m'aperçois que, si lui s'est assuré de mon identité en arrivant, je n'ai pas pris la même précaution. Détail sans importance ? Peut-être pas. Dans ce nœud de vipères dans lequel j'ai mis le pied, il vaut mieux savoir qui est qui. Savoir contre qui se défendre...

Alors, au moment où il me tourne le dos, je lui lance à mi-voix :

— À demain, Docteur Minski.

L'homme se retourne brusquement et plante ses yeux dans les miens. J'ai gaffé ? Je ne devais pas prononcer son nom ? Personne d'autre n'a entendu, pourtant. Enfin, je crois...

— Qu'avez-vous dit ? demande-t-il brutalement.

— J'ai dit « à demain », fais-je en essayant de ne pas laisser paraître mon trouble.

Il hésite un instant, me fixant de ses yeux durs, puis, faisant vivement volte-face, il disparaît sans un mot dans la rue.

Je ne sais que penser. Ce type n'était pas le docteur Minski, c'est clair. Il a eu l'air plutôt surpris qu'autre chose. Il a hésité, m'a semblé perplexe, alors que tout au long de notre entretien il s'était plutôt montré carré, résolu, calculateur. Le genre de type qui ne laisse rien au hasard. Il ne s'attendait pas à entendre ce nom, voilà tout.

Minski serait-il alors le grand patron, celui qui tire dans l'ombre toutes les ficelles de cette machination et dont le nom ne doit pas être évoqué ? Peu probable. Dans ce cas, l'inconnu aurait essayé de savoir comment j'en avais eu connaissance. Il serait revenu et m'aurait questionné. Non, ce n'est pas ça. J'ai même l'impression que le nom ne lui disait rien du tout...

Quelle conclusion en tirer ? Que Minski n'a rien à voir avec cette histoire ? C'est invraisemblable. Mon père, avant de mourir dans une pareille circonstance, ne m'aurait pas donné le nom d'un vieux copain d'école ou du médecin qui s'occupe de ses rhumatismes.

Du coup, ça m'inquiète fortement. Le type doit avoir des soupçons à mon égard. Même si je n'ai pas la moindre intention de revenir ici demain soir, je ne suis pas sûr de pouvoir m'en débarrasser. Où est-il parti ? N'est-il pas embusqué dans un coin, dehors, guettant ma sortie ? N'a-t-il pas déjà appelé des complices ?

Je ferme les yeux et avale péniblement ma salive. J'ai agi comme le dernier des cornichons. Et maintenant, je suis coincé !

6

La chasse est ouverte !

Comment sortir d'ici ? L'homme en noir ne peut pas être bien loin. Dans le meilleur des cas, il me suivra jusqu'à mon hôtel avant de... Avant de quoi ? De me supprimer, ou de le faire faire par un homme de main ? Je ne peux pourtant pas dormir ici. À l'heure de la fermeture, on me fichera à la porte. Finalement, je décide d'appeler un taxi.

Lorsque je sors du Newt, vers minuit et demi, la rue m'a l'air déserte. Je ne m'y trompe pas. Je m'engouffre dans le taxi et donne une adresse quelconque, dans le nord-est. Rendu sur place, je demande au chauffeur de revenir vers le sud-ouest en vitesse.

Le gars me dévisage dans le rétroviseur. Il doit me prendre pour un fou, mais il ne dit rien. Il en a sûrement vu bien d'autres. Pendant tout le trajet, je me retourne sans arrêt, tentant de voir si une voiture nous suit. Difficile à dire. Les phares qui se succèdent dans mon champ de vision peuvent appartenir à n'importe quel véhicule.

Cependant, après un parcours assez long sur une voie à grande vitesse qui doit être Deerfoot Trail, lorsque le taxi prend la sortie Glenmore ouest, il me semble qu'aucune autre voiture ne nous suit. Plus tard, alors que nous traversons un quartier plus calme, je demande au chauffeur de s'arrêter un instant.

Après cinq minutes, pendant lesquelles le conducteur reste muet, je constate que personne ne s'est manifesté. Mes éventuels suiveurs ont donc été semés. Soulagé, je donne enfin l'adresse du Palliser, devant lequel le taxi me dépose quelques minutes plus tard.

Incapable de réfléchir davantage après cette atroce journée, je m'effondre sur le lit et m'endors profondément. Il est onze heures du matin lorsque je me réveille.

Je me douche, me fais monter un petit déjeuner et commence à réfléchir sur la conduite à suivre. La première chose à faire consiste à trouver le docteur Minski. C'est même la *seule* chose à faire. J'ai assez cafouillé jusqu'ici avec mes initiatives ratées.

Cependant, une autre obsession me fait repousser ce projet. La mallette noire. Cette mallette et son contenu mystérieux sont toujours dans le coffre de la Jaguar. Que cet objet représente une fortune le rend déjà attrayant, bien sûr, mais il y a autre chose.

Qu'a voulu dire l'inconnu, hier soir au Newt, lorsqu'il a déclaré : « La belle catastrophe, si le contenu de la valise disparaissait dans la nature... » Quelle catastrophe ? La perte de millions de dollars ? Ou bien le contenu de cette mystérieuse valise présente-t-il un danger véritable ? Dans ce cas, je ne suis pas certain que le coffre d'une voiture abandonnée soit le lieu le plus sûr pour le conserver.

Il n'y a sans doute pas grand risque à aller y jeter un coup d'œil. Je suppose que les surveillants du stationnement ne s'étonneront pas de la présence d'une voiture avant plusieurs jours.

Contrairement à mon intention au moment où j'ai garé la Jaguar dans ce sous-sol, j'en ai conservé la clé dans ma poche. Pur oubli, en fait, mais cette clé est là, maintenant, et elle me brûle les doigts...

Je n'ai rien d'un gangster, loin de là, mais cette valise ne peut pas être plus mal entre mes mains que dans le coffre d'une voiture que le premier cambrioleur venu peut crocheter. Et si cela se produit, il sera trop tard pour regretter. D'un autre côté, si je veux agir avec discrétion, il vaut sans doute mieux attendre la nuit.

À midi, ma décision est prise. À midi cinq, je suis dehors et, à treize heures, je suis au volant de la petite Toyota que je viens de louer. Mon premier soin est de me rendre au cabinet du docteur Minski, dont j'ai facilement trouvé l'adresse dans l'annuaire. Heureusement, Minski n'est pas un nom courant.

Le cabinet se trouve dans un immeuble à vocation professionnelle. J'ai entendu dire qu'à Calgary les médecins sont devenus tellement rares et sont tellement débordés qu'ils n'acceptent pas de nouveaux patients. Minski me recevra-t-il ?

Sur une plaque, à l'entrée de la salle d'attente, deux noms : Dr A. Minski — Dr G. Hunter. Je me présente à l'accueil en prenant l'air le plus malade possible. Comme prévu, la secrétaire me demande si j'ai rendez-vous.

— Non, dis-je en faisant semblant d'être torturé par d'affreuses douleurs. Mais je voulais voir le docteur Minski. Je le connais très bien...

À ces mots, la secrétaire affecte un air désolé.

— Oh, je suis navrée, dit-elle, le docteur Minski n'est pas là aujourd'hui. Mais si vous vous sentez vraiment mal, peut-être que le docteur Hunter...

— Non, non, fais-je en esquissant une grimace de désappointement. C'est le docteur Minski que je voulais voir. Je peux revenir demain.

La secrétaire me regarde comme si j'allais mourir sous ses yeux. Elle hésite un moment puis me dit :

— Je ne sais pas quoi vous dire. Je... je ne sais pas quand le docteur Minski reviendra. Il est, euh...

— En congé ? suggéré-je en voyant que cette pauvre fille a l'air de plus en plus perdue.

— Non, non, répond-elle. Le docteur Minski... n'est pas là, c'est tout ce que je peux vous dire...

Les bredouillements de cette secrétaire médicale commencent à m'énerver. J'ai horreur de ces gens qui fondent en larmes sitôt qu'on les contrarie. Elle est hyperémotive, ça se voit, mais tout de même ! Et puis, il est bien quelque part, Minski ! Est-ce qu'on veut me le cacher ? Oubliant complètement mon rôle de malade, je me redresse et m'écrie :

— C'est incroyable ! Qu'est-ce que vous me chantez là ? Il n'a tout de même pas disparu !

— C'est pourtant bien cela, finit-elle par articuler d'une voix étranglée. Le docteur Minski a disparu.

Je vois arriver le moment où la fille va s'effondrer en sanglotant. Juste à cet instant, un grand type fait irruption derrière elle et se met à me dévisager d'un œil noir.

— Des problèmes ? fait-il d'un ton sec.

— Rien de grave, docteur Hunter, répond la secrétaire en reniflant. Ce monsieur voulait voir le docteur Minski, et je lui expliquais qu'il était absent. Enfin, je veux dire, disp...

Le docteur Hunter la fait taire d'un geste, puis me regarde de nouveau.

— Je suis médecin également, dit-il sèchement. Si vous voulez bien attendre votre tour...

Tout ceci me semble on ne peut plus louche. Minski qui disparaît comme par hasard, et ce docteur Hunter qui m'examine des pieds à la tête comme si je venais de péter dans une église. Il règne autour de Minski une ambiance malsaine. Hunter sait-il quelque chose des affaires qui le liaient à mon père ?

Finalement, je me dis que le mieux à faire, c'est encore de suivre le conseil du médecin. Ce docteur Hunter est, après tout, le seul lien entre Minski et moi. J'ai déjà gâché assez de choses depuis vingt-quatre heures, il est temps d'arrêter les dégâts. Je me calme donc et vais m'asseoir parmi les autres patients après avoir inscrit mon nom sur la liste d'attente.

Lorsque mon tour arrive enfin, je suis le dernier client dans la salle. Une infirmière me fait entrer dans un minuscule cabinet. Le docteur Hunter y pénètre quelques instants plus tard. Il me semble tout aussi soupçonneux, mais une sorte d'ironie lui déforme la moitié de la bouche, comme s'il ne souriait que d'un seul côté.

Ce qui me frappe, à ce moment-là, curieusement, ce sont ses chaussures. D'extraordinaires souliers en croco, ou en lézard. Je croyais que ça ne se faisait plus. Ou bien est-ce de la peau de porc qui a eu des engelures ?

— Eh bien, monsieur Arbuckle, fait enfin le médecin, coupant court à mes divagations. Qu'est-ce qui vous amène à moi ? Vous venez de Vancouver, n'est-ce pas ?

De deux choses l'une : ou bien Hunter fait partie de la même bande que Klein et l'inconnu d'hier soir, ou bien il n'est au courant de rien. La première hypothèse me semble peu crédible. Dans ce cas de figure, il aurait déjà appelé ses complices. Mais, dans l'autre cas, que sait-il des activités de Minski ?

Mentir est trop compliqué, je n'ai pas l'imagination nécessaire. Pourtant, je ne peux pas annoncer de but en blanc que j'ai tué mon père, mais que Minski est probablement le véritable responsable. Je décide donc de prêcher le faux pour savoir le vrai :

— Ce n'est pas la maladie qui m'amène, docteur. Mon père, le professeur André Arbuckle, était un ami du docteur Minski. Suite aux événements d'hier...

— J'ai appris la nouvelle par les journaux, fait Hunter en hochant la tête. Je suis vraiment désolé et vous prie d'accepter mes sincères condoléances. Mais ce crime ne restera pas impuni, soyez-en certain.

Crime ? Je me raidis sur ma chaise. Avant de quitter la maison de mon père, j'ai pris bien soin d'arranger les choses de manière que l'on conclue au suicide. Pourquoi parle-t-il de crime ?

Je ne lis jamais les journaux et je n'ai pas eu le réflexe de le faire pour voir comment l'affaire y était traitée. La fatigue. C'était une erreur. J'ignore comment la mort de mon père a été présentée dans la presse. Ce qui me rassure un peu, c'est que le docteur Hunter n'a pas l'air de me traiter comme un criminel. J'affiche un masque douloureux avant de poursuivre :

— Il y a si peu d'indices...

— Cependant, ce témoignage de première main...

— Quel témoignage ? fais-je avec brusquerie, tout en essayant de ne pas faire paraître mon trouble.

— D'après les journaux, reprend le docteur, il semble qu'un chauffeur de taxi se soit spontanément présenté à la police. Le soir du crime, il dit avoir déposé un inconnu devant la maison du professeur Arbuckle. Il en a donné un portrait assez précis, selon la police, et l'homme devrait être rapidement identifié.

J'en reste muet de saisissement. Le chauffeur de taxi ! Je l'avais oublié, celui-là ! Et il a dressé un portrait précis de l'assassin présumé, vient de déclarer Hunter. Tu parles ! Le taxi est venu me chercher à ma porte ! La police n'a pas seulement mon portrait, maintenant, elle a aussi mon adresse !

Mon immeuble n'est pas immense. Les flics en auront vite fait le tour et comprendront que l'inconnu du taxi et moi ne sommes qu'une seule et même personne. Ce qui veut dire qu'en plus de la bande pour laquelle travaillait Klein, je vais avoir la police sur le dos.

La chasse est ouverte !

7

À LA RECHERCHE DE MINSKI

J'étouffe dans ce réduit qui sent la pharmacie. Je n'arrive pas à discerner, dans le regard du docteur Hunter, quelle peut être la part de jeu ou de mensonge. A-t-il appris tous ces détails par la presse, comme il le prétend, ou bien a-t-il partie liée avec la police ? Ou avec Klein et ses comparses...

Peut-être fait-il traîner volontairement l'entretien en attendant les flics, ou ses complices, qu'il a déjà prévenus de ma présence chez lui... Je me tortille nerveusement sur ma chaise. Entre la police qui va m'attribuer le meurtre de mon père et les commanditaires de Klein ayant compris que c'est moi qui détiens cette mallette qu'ils sont prêts à se procurer par tous les moyens, je suis mal parti...

Le docteur reprend :

— Enfin, tout ceci nous éloigne de notre sujet. Vous me disiez que feu votre père était un ami de mon collègue Minski. Malheureusement, je crains que vous ne puissiez pas le rencontrer. Alexandre Minski est introuvable. Lorsque j'ai constaté qu'il n'était pas là ce matin, j'ai appelé chez lui. Sa femme a eu l'air étonnée. Elle m'a confirmé qu'il était parti à l'heure habituelle pour le cabinet, mais il n'est jamais arrivé ici. Et, depuis, il n'a pas reparu.

— L'avez-vous signalé à la police ?

— Hum ! fait le docteur. Pas encore, il est vrai. Ce n'est pas qu'il soit dans ses habitudes de disparaître ainsi mais... Minski est un adulte et, en l'absence de tout indice alarmant, je ne me sens pas autorisé à signaler ses absences à qui que ce soit.

— Cependant, vous m'en parlez alors que vous ne me connaissez pas. Quelque chose vous aurait fait changer d'avis ?

De nouveau, les yeux bleus du médecin se plantent dans les miens. Ce mélange de flegme britannique et d'apparente candeur me met mal à l'aise.

— Le fait que vous soyez le fils du professeur André Arbuckle, reprend-il, et que ce nom ait été cité fréquemment par Alexandre ces derniers jours est troublant. Je ne peux m'empêcher de penser qu'il y a un lien entre les deux événements...

— Minski en voulait-il à mon père ?

Le docteur Hunter soulève un sourcil, ce qui semble être chez lui le signe d'un intense étonnement.

— En vouloir à votre père ? Grands dieux, non ! Pour quelle raison ? Ils me paraissaient plutôt en excellents termes, au contraire. Vous n'êtes pas sans l'ignorer, j'imagine.

— Mes rapports avec mon père étaient assez... distants, fais-je avec amertume.

— Eh bien, selon ce que m'a confié Minski, votre père et lui étaient amis de longue date, même si l'éloignement géographique rendait leurs relations assez épisodiques. Il y avait longtemps qu'il ne m'en avait pas parlé. Depuis quelques jours, cependant, le nom de votre père est revenu à plusieurs reprises dans la conversation. Minski me semblait extrêmement préoccupé par quelque chose que votre père lui aurait confié.

— Avait-il reçu des menaces ?

— Alexandre ? Non, pas à ma connaissance en tout cas. Les menaces semblaient plutôt peser sur votre père, d'après ce que j'ai compris. Les confidences de Minski étaient malheureusement très allusives, et je n'y ai pas trop prêté attention sur le moment. C'est seulement maintenant, à cause de... de ce qui est arrivé à votre père, que je me pose des questions.

— Mais de quoi s'agissait-il ?

— Des implications inquiétantes dans les recherches menées par votre père, apparemment. Il avait en sa possession quelque chose qui excitait la convoitise de gens très puissants et prêts à tout pour l'obtenir. Je crains bien maintenant qu'ils ne soient parvenus à leurs fins.

La mallette noire. C'est hallucinant, tout de même ! Les médicaments sont censés guérir les gens, pas déclencher de véritables guerres.

Je suis le seul à savoir où se trouve ce trésor convoité qui a déjà fait deux morts, et qui risque d'en faire bien davantage si mes intuitions se révèlent exactes. Sans compter Minski qui, selon toute vraisemblance, n'a pas trempé dans le complot mais était simplement le confident de mon père. Une confiance qu'il risque de payer cher.

Il est donc plus urgent que jamais de le retrouver. Lui seul est au courant de toute l'affaire, lui seul peut permettre de remonter la filière dont Klein n'était, apparemment, que l'instrument.

Le docteur Hunter peut-il m'aider? J'en doute. Il semble avoir dit tout ce qu'il savait, c'est-à-dire pas grand-chose. Et puis, je ne sais pas pourquoi, j'hésite à lui faire confiance. A-t-il vraiment été honnête avec moi ? Comment savoir ? Se levant tout à coup, il déclare :

— Je pense qu'il n'y a plus qu'une chose à faire. C'est d'appeler la police pour lui signaler la disparition de mon collègue, ainsi que les liens qui l'unissaient à votre père.

Je me lève brusquement, moi aussi. Si Hunter appelle les flics, je suis cuit. Mais je ne peux pas l'en empêcher sans aussitôt avoir l'air coupable. Je dois gagner du temps. M'effacer, quitter la scène...

— Vous avez raison, docteur, lui dis-je. En ce qui me concerne, je vais repartir à l'instant même pour Vancouver. Je n'en suis resté absent que trop longtemps. Puis-je vous demander... hum... de ne pas mentionner notre entrevue à la police. J'aurais dû demeurer près de la dépouille de mon père et... ma présence ici pourrait être mal interprétée...

Le docteur Hunter me regarde étrangement, l'air étonné par ma requête. Je m'en doutais un peu. Cependant, il ne s'y oppose pas et me promet d'être discret. N'ayant manifestement plus rien à nous dire, nous nous séparons. Je quitte rapidement le cabinet médical et rejoins ma voiture.

Avant toute chose, je veux retourner à l'hôtel pour prendre mes affaires et disparaître de la circulation. Je ne suis pas certain de la discrétion du docteur Hunter et je ne tiens pas à me faire cueillir au saut du lit par les flics. J'irai dans un quelconque motel où on ne me posera pas de questions.

Tout en roulant, je me demande comment la police de Vancouver a conclu au crime en découvrant le cadavre de mon père. J'avais pourtant pris toutes les précautions possibles. Le revolver qui l'avait tué dans la main, les doigts refermés dessus. Un homme qui se suicide d'une balle dans la poitrine, ça n'a rien d'inusité. Pas de traces, pas de témoin...

Ou bien... y avait-il quelqu'un d'autre dans la maison ? Mon père avait-il une maîtresse qu'il n'avait pas voulu me montrer et qui avait tout vu ?

Non. Ça n'a pas de sens. Les journaux en auraient parlé, au lieu de se cantonner au témoignage d'un chauffeur de taxi. Alors, quelle erreur ai-je commise ?

En arrivant à l'hôtel, je demande un journal et me dirige vers l'ascenseur. Je commence à le feuilleter, cherchant la page des faits divers. Une fois à mon étage, je continue ma recherche tout en marchant. Mais, arrivé devant ma porte, j'ai à peine engagé ma clé dans la serrure que je sursaute brusquement. Mon journal me tombe des mains.

À quelques mètres de moi, dans le couloir, un homme se tient debout et me regarde fixement. M'a-t-il suivi ou se trouvait-il déjà là ? J'ai un mouvement de recul. Il n'y a personne d'autre que ce type et moi dans le couloir. Que me veut-il ? Je m'attends presque à ce qu'il sorte un revolver de sa poche pour me tirer dessus...

Comprenant peut-être mon hésitation, il s'avance lentement vers moi, mains ouvertes et légèrement tendues, montrant qu'il est désarmé et dépourvu d'intentions meurtrières. Avant que j'aie le temps de dire un mot, il prononce distinctement :

— Minski, Alexandre Minski.

Je respire ! Je m'attendais à tout sauf à rencontrer l'homme que je cherche en vain depuis vingt-quatre heures.

Alexandre Minski est un homme assez grand, mince, les cheveux d'un blond pâle. Un peu plus jeune que mon père, ou mieux conservé, peut-être. Plus soigné, en tout cas, plus net. Le genre de personne qui inspire confiance. Je réplique aussitôt :

— Marcus Arbuckle. Mon père m'a souvent parlé de vous, docteur Minski.

Pourquoi ai-je dit « souvent » ? Tout ce que mon père m'a dit de Minski, c'est son nom, qu'il a murmuré avant de mourir. Il ne m'en avait jamais parlé auparavant. Le besoin, sans doute, d'amorcer cette rencontre dans la détente.

— Ne restons pas ici, ajouté-je en me retournant pour vérifier que personne n'est apparu dans le couloir.

Tout va bien. Nous sommes seuls. J'ouvre ma porte et m'efface devant le docteur Minski, qui entre en me gratifiant d'un sourire empreint d'une certaine tristesse.

8

UN MASQUE TOMBE

Nous sommes assis face à face, le docteur Minski dans un fauteuil que je lui ai offert et moi sur le bord de mon lit. Je ne sais pas quoi dire. Heureusement, c'est lui qui parle le premier.

— Ainsi, vous êtes le fils d'André, fait-il avec chaleur. Je suis tellement heureux de vous rencontrer. André m'a beaucoup parlé de vous, lui aussi. Vous ne viviez pas avec lui, n'est-ce pas ?

— Nos rapports étaient plutôt rares, en effet. Je le regrette maintenant...

— Hélas, le mal est fait. C'est affreux. André m'avait prévenu qu'il était menacé, mais je ne pensais pas qu'ils iraient jusque-là.

— Apparemment, ils ne reculent devant rien. En apprenant votre disparition, ce matin, lors d'une visite à votre confrère

Hunter, j'ai cru qu'ils vous avaient enlevé, ou supprimé à votre tour, qui sait.

— Ils ont essayé, en effet. Ce matin, deux hommes m'attendaient à la porte de mon domicile. Sachant ce qui était arrivé à votre père, je me méfiais, bien sûr. J'ai réussi à leur échapper et, depuis lors, je me cache comme un gibier aux abois. Je suis en danger, tout comme vous, d'ailleurs.

— Mais qui sont-ils, docteur ?

— Qui ? Allez savoir qui se cache derrière ces bandits, qui tire les ficelles. Ceux que nous avons vus ne sont que des hommes de main, des comparses. Malheureusement, votre père était très évasif à ce sujet. Vous en a-t-il parlé plus en détail ?

— Hélas, non. L'affaire dans laquelle il s'était engagé, à son corps défendant, peut-être, était hautement confidentielle. Il ne m'en a presque rien dit. Avant de mourir, il m'a simplement donné votre nom, et c'est pour ça que je suis venu à Calgary. Je pensais en apprendre davantage de votre part.

— Je crains de ne pouvoir vous être d'un grand secours, fait Minski en secouant la tête. Tout ce que m'a dit votre père, c'est qu'il avait en sa possession des produits extrêmement dangereux. Un homme avait essayé de les lui acheter et, devant son refus, il l'avait menacé. Vous connaissez le résultat : votre père a été assassiné et la valise a disparu. La suite est prévisible. Ces individus vont chercher à éliminer tous les témoins.

— Mais que contient donc cette valise ?

— Je l'ignore, malheureusement. Je pensais l'apprendre ici, c'est pourquoi j'ai pris le risque de sortir de ma cachette et de venir vous rencontrer. Tout ce que je sais, c'est que si on ne la retrouve pas, il faut s'attendre au pire.

Je suis un peu déçu. Minski ne sait rien. Le contenu de la valise reste un mystère, l'identité des agresseurs également. Mais, contrairement à ce que j'avais pensé, c'est moi qui ai une longueur d'avance : au moins, je suis le seul à connaître l'emplacement de l'énigmatique valise...

Le docteur Minski se tait, se grattant pensivement le menton. Il semble attendre. Évidemment, il doit être assez désappointé. Lui aussi, comme moi, espérait tirer des éclaircissements de cette rencontre.

Ce qui m'étonne le plus, c'est qu'il n'ait aucune idée de la nature des produits volés à mon père. Cela signifie que si cet imbécile de Klein n'était pas venu faire le malin sous mon nez au lieu de filer directement au Newt, où l'attendait l'inconnu en noir hier soir, personne n'aurait rien su de toute cette affaire...

Tout dépend donc de moi. Sans le vouloir, je suis devenu la pièce maîtresse de la bataille qui fait rage autour de cette mallette de cuir noir. Pourtant, il n'est pas question de la récupérer et de me rendre à la police. La valise, elle, serait en sûreté, c'est indéniable, mais moi-même ?

Je suis, *a priori*, le suspect idéal, l'assassin désigné de mon père. J'ignore le danger que représente le contenu de cette valise pour la communauté, mais je ne suis pas encore prêt à sacrifier ma liberté pour lui.

Une seule solution : me débarrasser de cet encombrant fardeau auprès de quelqu'un qui saura l'usage qu'il convient d'en faire. Et cette personne est là devant moi : le docteur Minski. Je dois le mener à la Jaguar.

En échange, Minski pourra témoigner en ma faveur lorsque viendra le moment de me défendre contre les accusations de meurtre qu'on ne manquera pas de porter contre moi, si ce n'est déjà fait.

En revanche, avouer que c'est moi qui, depuis hier, suis en possession de la précieuse valise, c'est d'ores et déjà endosser un autre crime qui n'a même pas encore été découvert... Le premier était une erreur et le second, un cas de légitime défense, mais l'ensemble forme un fameux pétrin duquel je ne vois pas comment me sortir.

J'hésite donc encore. Et puis, je ne sais pas pourquoi, il me semble tout à coup que quelque chose cloche dans le discours du médecin, dans son attitude. Quoi ?

— Pourriez-vous dresser un portrait de l'individu qui a menacé votre père ? demande soudain le docteur Minski. Avez-vous assisté à leur entrevue ? C'est lui notre seule piste.

— Je n'avais pas revu mon père depuis des années lorsqu'il m'a appelé pour cette affaire, dis-je. Et je n'ai jamais rencontré le malfaiteur à Vancouver. Tout ce que je sais de ce dernier, c'est qu'il se nomme Klein et qu'il avait rendez-vous avec un complice qu'il ne connaissait pas dans un bar de Calgary, la nuit dernière.

Minski hausse les sourcils d'un air étonné.

— Comment savez-vous cela ? fait-il en se redressant dans son fauteuil.

— Eh bien, Klein n'a pas pu se rendre à ce rendez-vous et j'ai pris sa place...

Cette fois, Minski fronce les sourcils. Ses yeux s'assombrissent et son regard se durcit.

— Je ne comprends pas, murmure-t-il. Vous prétendez être étranger à toute cette histoire, n'être au courant de rien, et j'ai l'impression que, au contraire, vous connaissez tout le monde...

Les yeux de Minski sont plantés dans les miens. Je remarque que ses poings sont crispés sur les accoudoirs du fauteuil. Sa bouche est déformée par un rictus hostile.

— Quel jeu jouez-vous, Arbuckle ? reprend-il alors d'une voix sourde, non sans une certaine brutalité. Et d'ailleurs, êtes-vous vraiment Marcus Arbuckle ?

Le changement qui vient de s'opérer dans le comportement du docteur Minski est stupéfiant. Cet homme affable et chaleureux se transforme sous mes yeux en un personnage soupçonneux, agressif même, chez qui je devine confusément une violence maîtrisée à grand-peine. Que se passe-t-il ?

Je me rétracte comme une huître. Et, brusquement, je comprends ce qui me tracassait il y a un instant. Tout à l'heure, Minski a déclaré : « Vous connaissez le résultat : votre père a été assassiné et la valise a disparu. » Comment sait-il que cette valise a disparu, comment connaissait-il son existence même, puisque, d'après la police, selon ce que m'a déclaré le docteur Hunter, aucun objet n'est censé avoir été volé après le crime ?

Et ce n'est pas tout. Comment Minski a-t-il fait pour me retrouver ici, dans cet hôtel dont je n'ai donné le nom à personne ? Comment savait-il même que je me trouvais à Calgary ? Et comment, surtout, la fausseté de cette situation ne m'a-t-elle pas immédiatement sauté aux yeux ?

Fausse disparition, fausse victime ! Tout ça n'est qu'une machination de plus dans laquelle j'ai bien failli me faire prendre. Minski se trouvait bel et bien à son cabinet avec son complice, le docteur Hunter. Celui-ci n'a pas réussi à me faire parler, son complice a donc essayé un autre stratagème. Une chose est certaine : tous les deux sont des membres de la bande ! Les cerveaux, qui sait...

Ayant découvert que le véritable Klein avait disparu — sans savoir pourquoi ni comment —, il ne restait plus aux gangsters qu'une solution : me retrouver en vitesse pour m'obliger à leur remettre la valise. Par chance — pour eux ! —, je me suis présenté de moi-même à leur cabinet médical. Hunter ayant échoué, Minski n'avait plus qu'à me suivre jusqu'ici pour me jouer sa comédie.

Minski, manifestement, n'est pas un simple comparse comme Klein ou l'inconnu du Newt. Mais, voyant comment les choses tournaient, il a décidé de prendre lui-même l'affaire en main.

En tout cas, il vient certainement de comprendre que j'ai percé son secret à jour. Sans me laisser le temps de réagir, il se lève vivement et sort de sous sa veste un revolver qu'il pointe sur moi.

— Assez ri, à présent, Arbuckle, jette-t-il avec dédain. Vous allez cesser de faire le malin et me conduire à Klein, ou me remettre ce que vous lui avez volé. Où se trouve la valise ?

— Elle est restée dans la Jaguar.

— Et la voiture ?

— Dans un stationnement souterrain, tout près d'ici.

— Alors, allons-y. Et pas de faux pas : personne ne regretterait votre cadavre...

Minski remet lentement son revolver dans la poche de sa veste, sans le lâcher.

— En avant, Arbuckle. Vous êtes toujours dans ma ligne de mire. Vous allez marcher lentement, en ayant l'air naturel. Toute tentative de fuite vous serait fatale, ne faites pas l'imbécile.

Oh non ! Je l'ai assez fait jusqu'ici ! Les jambes en coton, je me lève et me dirige vers la porte. Minski m'emboîte le pas. Nous sortons.

9

Coup de force

Minski m'abattrait-il vraiment comme un chien, dans la rue, en plein jour, ou bien bluffe-t-il ? Je n'en sais rien, mais, après tout, les types de cette espèce ne doivent pas reculer devant ce genre de détail. Dans le doute, je préfère assurer ma survie et avancer docilement.

Nous sortons du Palliser, traversons la rue. Je me dirige vers le stationnement souterrain, un peu plus loin sur l'avenue, où dort la Jaguar de Klein depuis hier soir. Minski marche tout contre moi, très légèrement en arrière. Son arme est invisible, mais je la sais à quelques centimètres de ma peau.

Nous arrivons très vite au stationnement. Comme je me dirige vers un ascenseur, Minski enfonce le canon de son revolver dans mon dos, à travers le tissu de sa veste.

— Nous prenons les escaliers, ordonne-t-il.

Nous en descendons cinq avant d'arriver au dernier étage. Le stationnement, à cette heure de la journée, est presque plein. J'en suis soulagé. J'ai pensé un moment, pendant que nous marchions dans la rue, que Minski profiterait de l'obscurité du sous-sol et de l'absence de témoin pour me liquider.

Néanmoins, ébranlé par la peur, j'ai du mal à me rappeler l'endroit exact où j'ai garé la voiture et je commence à tourner en rond. Minski s'énerve.

— N'essaie pas de faire le malin, Arbuckle. Gagner du temps ne te servirait à rien.

S'il veut dire que, de toute façon, c'est du plomb dans le ventre qui m'attend, ce n'est pas pour me rafraîchir la mémoire. Et cette façon brutale de me tutoyer révèle sa certitude de me dominer totalement. Je ne suis qu'un cadavre en sursis. Une sueur glaciale coule le long de mon dos.

Soudain, j'aperçois la Jaguar derrière un pilier. Je m'arrête brusquement. Minski m'enfonce son arme dans les côtes.

— Alors ?

— C'est là, dis-je d'une voix éteinte en désignant la voiture d'un mouvement de tête.

Minski regarde le bolide d'un air satisfait, puis me pousse vers l'avant après avoir jeté un coup d'œil aux alentours.

— La valise est dans le coffre ?

— Oui.

— Ouvre-le.

Prudemment, Minski s'éloigne un peu de moi, tout en me maintenant en joue. Craint-il que, fouillant ma poche pour en extraire les clés, je ne sorte une arme ? Immobile, je fais face à la voiture et ne vois plus Minski, qui se trouve dans mon dos.

L'instant est décisif. J'ai l'impression d'être arrivé au bout de cette aventure, de me trouver à la porte de mon tombeau. Dans ce coffre, il y a une valise qui a déjà tué deux personnes. La suite ne fait aucun doute pour moi : je suis la troisième victime !

Il me vient une idée. Et si je faisais semblant d'avoir perdu les clés ? Je ne sais pas si Minski me croirait, mais que pourrait-il faire ? Tant qu'il n'a pas récupéré la précieuse mallette, je lui suis indispensable et il ne peut pas me tuer. Au contraire, une fois en possession de la marchandise, son intérêt est de me faire disparaître au plus vite.

Sitôt le coffre de la voiture déverrouillé, j'irai y rejoindre le cadavre de Klein, c'est évident. Ne pas ouvrir constitue mon unique chance de survie. Or, je suis seul avec un tueur qui a l'air de plus en plus nerveux et je n'ai pas droit à l'erreur.

Lentement, je mets la main dans ma poche. Mes doigts se resserrent sur la clé, le métal me semble brûlant. Cependant, je continue de farfouiller comme si je ne trouvais rien, j'essaie mon autre poche, je m'agite...

— Eh bien ! fait Minski avec impatience. Tu ouvres, oui ou non ?

— Je... je crois que j'ai égaré la clé...

— Tu te fiches de moi ! hurle Minski en faisant un pas et en me saisissant sauvagement au col. Cherche cette clé ! Trouve-la ! Ouvre ce coffre !

Il me repousse violemment contre la voiture et ajoute :

— Tu as trois secondes.

Son revolver est pointé sur moi. Ma main droite se trouve toujours dans ma poche, les doigts crispés sur le petit objet métallique. Aurai-je l'audace de gagner ce bras de fer ? Minski compte :

— Un...

Ma main commence à trembler, la clé pèse des tonnes dans ma poche. La voix glaciale de Minski me donne des frissons. J'avale péniblement ma salive, je ferme les yeux. Je crois que je vais m'évanouir...

— Deux...

Je ne peux pas lutter. La peur me noue la gorge, me tétanise les muscles. Je ne suis pas de taille, j'abandonne... Lentement, je sors la main de ma poche, poing refermé sur la clé. Minski a gagné...

— Tr...

Tout à coup, un bruit de moteur interrompt le décompte. Minski sursaute et rengaine précipitamment son arme. Une voiture arrive de l'étage supérieur.

— Reste calme ! commande-t-il. Ouvre le coffre comme si de rien n'était.

Comme si de rien n'était? J'ai les jambes en compote et le cerveau en sauce blanche! Pourtant, j'obéis. La présence de la voiture, qui vient de déboucher de la rampe d'accès, me rend un peu d'espoir. Peut-être Minski se contentera-t-il de prendre la mallette et de filer.

Ça y est. Le coffre est ouvert. Je détourne la tête pour ne pas voir le cadavre. Je n'ose plus respirer, tellement je m'attends à recevoir une ignoble bouffée de puanteur.

Minski s'approche, puis s'immobilise. Il se retourne à demi. Là-bas, tout au bout de la rangée de véhicules sagement garés, la voiture inconnue s'est arrêtée, face à nous. Ses phares nous éblouissent et il est impossible de distinguer qui se trouve à l'intérieur.

Pourquoi cet automobiliste ne se gare-t-il pas, pourquoi s'est-il arrêté là? La place ne manque pourtant pas. Il reste au milieu de l'allée, moteur au ralenti, à une trentaine de mètres à peine. A-t-il repéré notre manège?

Rien ne bouge. On n'entend que le ronronnement léger du moteur. Minski se rapproche insensiblement de moi, tout en surveillant du coin de l'œil l'étrange voiture qui semble nous épier. Sa nervosité le reprend.

— Allez, sors la valise et donne-la-moi, grommelle-t-il. Et pas de gestes brusques !

Je me penche sur le coffre béant. L'odeur est épouvantable. Retenant mon souffle, je saisis la poignée et tire la valise vers moi. Puis, lentement, comme s'il s'agissait d'un vase en cristal, je l'extirpe de sa cachette.

Minski a tressailli en apercevant le corps de Klein dans l'ombre, mais il s'est rapidement repris. De toute évidence, il a l'habitude des cadavres... Il agrippe la poignée de la mallette et me l'arrache des mains.

Alors, dans un vrombissement de moteur et des hurlements de pneus, la mystérieuse voiture démarre en trombe et fonce sur nous.

Minski se retourne brusquement. Durant une fraction de seconde, j'entrevois son visage blême violemment éclairé par les phares. Profitant de sa surprise, je plonge sur le sol et me réfugie entre les roues de la camionnette voisine.

Je n'ai que le temps de voir les jambes de Minski fauchées par la voiture. Celui-ci s'écroule lourdement et, sous la violence du choc, la mallette noire est projetée à quelques mètres de là, sous une autre voiture.

Presque aussitôt, l'assaillant freine et immobilise son véhicule dans un crissement suraigu. Le silence retombe, à peine troublé par le bruit du moteur tournant au ralenti. Puis j'entends le bruit d'une portière qu'on ouvre. Des pas lents retentissent. Je vois enfin deux jambes s'approcher et s'arrêter devant ma cachette.

Ces deux jambes se terminent par des chaussures que je reconnaîtrais entre mille. Les inimitables chaussures du docteur Hunter !

— La plaisanterie est finie, Marcus, prononce alors le docteur d'une voix grave. Montrez-vous !

10

ENCORE UN CADAVRE !

Je ne bouge pas d'un poil. Mourir de la main de celui-ci ou d'un autre... Peu m'importent les raisons qui ont poussé Hunter à liquider son complice. La rapacité, sans doute, l'idée de garder l'intégralité du magot pour lui tout seul. On voit ça dans les meilleures familles...

Tout ce que je vois, c'est qu'à partir de maintenant c'est lui qui mène le jeu et que, une fois de plus, je suis le pigeon prêt à être sacrifié.

Hunter reste immobile pendant quelques secondes, puis je vois ses jambes s'éloigner. Il se dirige lentement vers le corps de Minski, près duquel il s'agenouille. Le docteur se penche sur lui. Sans doute pour l'achever, parce que c'est lui le plus dangereux, avant de revenir me liquider à mon tour.

C'est l'occasion rêvée, mon unique chance. Je n'hésite pas une seconde. Je m'extirpe de ma cachette, me redresse sans bruit et me précipite vers la voiture du docteur, dont le moteur tourne toujours au ralenti. La portière est restée ouverte. Je m'y engouffre, prends le volant et démarre sur les chapeaux de roues.

Le docteur Hunter, se rendant compte de ce qui se passe, se relève brusquement. Il abandonne le cadavre et se lance à ma poursuite. J'aperçois dans le rétroviseur sa silhouette balançant les bras. Il me crie quelque chose mais le bruit du moteur, que je pousse à fond, couvre sa voix.

Heureusement, mon poursuivant n'est plus un jeune homme et je le perds rapidement de vue. Arrivé au niveau de la rue, je me rends compte que je n'ai pas de ticket. Si j'enfonce la barrière pour sortir, non seulement je ne passerai pas inaperçu, mais il ne faudra pas deux minutes pour que j'aie toute la police de Calgary aux fesses.

J'abandonne donc la voiture du médecin au beau milieu de l'allée et me jette sur la première porte venue. Cette sortie pour piétons débouche sur un escalier. Vers le bas, j'entends des bruits de pas et un halètement. Hunter ne va pas tarder à apparaître.

Un panneau m'indique la direction d'un centre commercial. Je reprends ma course, franchis une autre porte et débouche très vite dans une galerie animée bordée de boutiques.

Continuer de courir attirera l'attention sur moi. Je ralentis donc et prends le pas de l'homme d'affaires pressé, me retournant sans cesse pour vérifier si le docteur Hunter ne surgit pas derrière moi. Pourtant, après quelques minutes, il me semble bien que personne ne me suit.

Au bout de la galerie, il y a un magasin La Baie. Ça tombe bien. Mon costume sombre à la James Bond n'étant pas spécialement discret, je vais en profiter pour me changer.

Il est inutile de faire l'élégant. T-shirt, jean et chaussures de tennis suffiront. Une paire de lunettes fumées pour couronner le tout, et c'est maintenant un autre homme qui sort de La Baie et se retrouve dans la rue.

Machinalement, je me dirige vers le Palliser puis, brusquement, je m'arrête. Si Minski a découvert où j'habitais, Hunter doit le savoir aussi. Comment ont-ils fait ? Peu importe. Chose certaine, cet hôtel est le dernier endroit où aller.

J'avais de toute façon l'intention de changer d'hébergement. L'ennui, c'est que ma voiture se trouve dans le stationnement de l'hôtel et que je ne sais pas comment la récupérer.

Tant pis. Je dois quitter ce quartier au plus vite. Pas très loin, vers le nord, se trouve la ligne du C-Train, une sorte de métro aérien qui dessert Calgary. Je me hâte donc vers la 7e Avenue, où se trouvent les stations du centre-ville.

Tout en attendant le train, je me souviens que je m'étais promis d'acheter un journal. Le docteur Hunter, en effet, dans son cabinet, m'a parlé de l'assassinat de mon père. Or, je suis le seul à savoir que je l'ai tué. Du moins, je le pensais. Comment a-t-on découvert qu'il ne s'était pas suicidé, ainsi que je m'étais arrangé pour le laisser croire ?

Il y a un kiosque à journaux pas loin, et j'ai la chance d'y trouver un quotidien de Vancouver. Je l'achète et reviens vers la station de train. En voici un qui arrive, justement. Je hâte le pas et le prends de justesse. Une fois la porte du wagon refermée, je jette un dernier coup d'œil autour de moi. Aucune trace du docteur Hunter.

Me sentant un peu plus en sécurité, je m'assois enfin et déplie le journal. L'affaire de la mort de mon père fait l'objet d'un article détaillé à l'intérieur. Le titre ne laisse aucun doute : *L'assassinat du professeur André Arbuckle*.

L'article, cependant, s'il parle beaucoup de la victime, ne m'éclaire pas sur la façon dont la police a pu conclure au meurtre d'une manière aussi décisive. J'apprends que mon père, dont le corps a été retrouvé hier par la personne chargée du ménage de la maison, a été sauvagement atteint à la poitrine et qu'il a succombé presque aussitôt à ses blessures.

Mais la position du revolver entre ses mains, la balle dont l'analyse aura prouvé qu'elle venait de cette même arme, tout démontrait le suicide. Quel détail ai-je oublié ?

Je ne comprends pas. Ou bien quelqu'un serait-il entré dans la maison après ma sortie et avant l'arrivée de la femme de ménage ? C'est la seule solution possible.

Qui ? Klein, probablement. Mais pourquoi le bandit aurait-il fait disparaître le revolver des mains de mon père ? Que le meurtre passe pour un suicide, quelle qu'ait été l'identité du tueur, était dans son intérêt, à lui aussi. Tout cela n'a pas de sens.

La suite de l'article n'est pas pour me réconforter. Le journaliste cite le témoignage du chauffeur de taxi qui m'a déposé à la maison de mon père. Mon nom n'apparaît pas dans le journal, pas encore, mais sur la centaine de locataires de mon immeuble, il ne passera pas inaperçu longtemps. Ce n'est maintenant qu'une question d'heures, de minutes...

De plus, en disparaissant dans la nuit même du crime, c'est comme si j'avais signé mon forfait. Je suis sûr que ma photo a déjà été communiquée aux médias. Me voilà dans de beaux draps...

Je relève la tête. Tout autour de moi, les gens sont assis, l'air tranquille.

Personne ne semble me prêter spécialement attention. Oui, mais demain, quand les journaux auront publié mon nom, mon portrait !... Je n'aurai plus qu'à me terrer dans un trou en attendant que la police vienne m'y cueillir...

Le train remonte vers le nord-est de la ville. Je décide de descendre à la hauteur de la Transcanadienne. J'y trouverai sans doute un motel discret où on ne me demandera pas mon curriculum vitæ.

Un peu plus tard, en effet, je me retrouve allongé sur un lit qui grince dans une chambre quelconque. Le réceptionniste ne m'a même pas regardé. Un type mal rasé à l'air fatigué, dont le salaire n'incite probablement pas au zèle.

Je joue un instant avec la télécommande pour trouver une chaîne d'informations locale. La huitième semble convenir. Il y est question de rodéo et des Stampeders. Moi qui ai horreur des chevaux et du football ! Assommé par la chaleur, je me mets à somnoler.

Tout à coup, je suis tiré de ma torpeur. On vient de prononcer le nom de Minski ! Je me redresse et hausse le son. Une présentatrice aux dents étincelantes donne les manchettes du *journal à venir* et annonce les dernières nouvelles.

À la une, indique-t-elle d'une voix consternée, un nouveau crime vient ternir l'ambiance de fête du sacro-saint Stampede : on a découvert, dans un terrain vague du nord-ouest de la ville, le corps d'un homme sauvagement assassiné. Il s'agit d'un médecin de Calgary, le docteur Minski, qui avait disparu depuis le matin. D'après l'autopsie, la mort serait survenue peu de temps après cette disparition.

Dans la matinée, donc ? Ça n'a pas de sens : il y a vingt minutes à peine, Minski me plantait son revolver dans les côtes !

11

AVIS DE RECHERCHE

Je n'y comprends plus rien. Mon père, qu'on dit assassiné alors qu'on aurait dû conclure au suicide, et Minski, supprimé dans la matinée quand je croyais me trouver avec lui pendant toute l'après-midi ! J'ai l'impression de m'être trompé d'histoire...

Toutefois, si je ne vois pas ce qui a pu se passer à propos de mon père, le cas Minski me paraît plus clair. L'homme qui m'attendait à l'hôtel n'était qu'un imposteur. Un complice de celui que j'ai rencontré au Newt hier soir et devant qui j'ai commis la sottise de prononcer le nom du docteur Minski.

L'inconnu du Newt, je m'en souviens maintenant, m'avait semblé extrêmement surpris. Bien sûr, l'affaire, pour lui, ne prenait pas la tournure désirée. Au

lieu de se faire livrer la « marchandise », il tombait sur un type arrivant les mains vides et qu'il n'avait aucun moyen de retrouver par lui-même. Pour finir, il s'entendait appeler sans raison « Docteur Minski ».

Ce nom de Minski était donc le seul indice lui permettant de retrouver la piste de la mystérieuse valise noire. Les choses s'étaient donc passées ainsi, je suppose : les gangsters avaient retrouvé le véritable docteur Minski, l'avaient fait parler, sans aucun doute, puis l'avaient liquidé sans le moindre scrupule.

J'en ai froid dans le dos. Sans mon bavardage stupide, jamais les bandits n'auraient eu connaissance de son nom, et Minski serait toujours de ce monde... Lui seul, apparemment, en savait assez pour débrouiller cette incompréhensible affaire. Et moi, je l'ai envoyé à la mort rien qu'en prononçant son nom devant un tueur !

Après l'avoir supprimé, ils avaient envoyé au Palliser quelqu'un que je ne connaissais pas pour me jouer la comédie du docteur Minski et moi, imbécile, je m'étais laissé prendre !

J'aurais pu m'en douter, pourtant. Comment Minski, sans appartenir à la bande, aurait-il pu savoir que j'étais descendu au Palliser ? L'homme du Newt, contrairement à ce que j'avais cru, avait sans doute réussi à me filer de loin et m'avait vu entrer dans l'hôtel. Ou bien, relevant le numéro de mon taxi, il avait pu téléphoner à la compagnie et s'arranger pour connaître ma destination.

Pendant tout notre entretien aussi, j'aurais pu avoir des doutes. Je me le rappelle maintenant. Le faux Minski prétendait ne rien savoir de l'affaire, mais, en revanche, il essayait habilement de me faire parler. Sa tentative ayant échoué, il avait laissé tomber son masque pour m'obliger à lui révéler la cachette de la valise sous la menace d'une arme.

D'un bout à l'autre de cette sinistre histoire, j'ai donc été trompé, abusé. Par moi-même, peut-être, dès le premier soir chez mon père, et par les assassins de Minski ensuite.

Du coup, je ne sais plus quel est le rôle de chacun dans cette série de crimes. Je me suis trompé à propos de Minski, c'est entendu, mais les autres ? Mon père lui-même ne faisait-il pas partie intégrante de la machination ? N'était-il réellement qu'une victime ?

Après tout, on peut se demander comment il était entré lui-même en possession de ce fameux produit que tous essaient de s'approprier ? Il m'a peut-être raconté des histoires, lui aussi. S'il avait été si honnête, la police l'aurait protégé, il n'aurait pas eu besoin de moi. Quand je vois l'aide que j'ai pu lui apporter...

Non, plus j'y songe et plus j'ai l'impression qu'il s'est servi de moi. Mais dans quel but, pour quel bénéfice ? Je ne vois pas en quoi mon implication dans ce scénario sordide était nécessaire.

Et le docteur Hunter ? J'essaie de me remémorer son attitude au cours de notre entretien, d'y découvrir des indices qui m'aideraient à savoir de quel côté il se trouve.

Son accueil n'a pas été des plus chaleureux, au début, lorsque j'étais aux prises avec sa secrétaire. En revanche, plus tard, dans son cabinet d'auscultation, il semblait presque compatissant.

Pourquoi ce brusque changement d'attitude ?

Un détail me revient. L'une des premières choses qu'il m'ait dites, c'est que je venais de Vancouver. Comment le savait-il ? J'avais inscrit mon nom sur son registre, bien sûr, mais pas ma ville d'origine. Et Arbuckle n'est pas un nom typique de la Colombie-Britannique, que je sache.

Alors ? Tous complices ? Non, ça ne tient pas debout. Si tel était le cas, Minski n'aurait pas été abattu et le docteur Hunter n'aurait pas foncé en voiture sur l'imposteur au moment où celui-ci allait enfin mettre la main sur la valise.

Minski serait donc honnête. Et, dans ce cas, Hunter également ? Mais comment expliquer alors la présence et le comportement de ce dernier dans le stationnement souterrain ?

Je m'embrouille. Si je pensais m'en sortir en m'enfuyant, je me faisais des illusions. J'essaie de me rassurer en me disant que, n'étant plus en possession de la mallette, les truands n'ont donc plus aucune raison de me pourchasser. Mais est-ce bien sûr ? Je reste un témoin essentiel de toute l'affaire. Un témoin à abattre... Quant à la police, elle ne me lâchera pas si facilement.

Le mieux à faire serait de me rendre aux autorités en expliquant ma conduite depuis le début. Au moins, je serais en sécurité. Et puis, plus je cherche à me sauver, plus je m'enfonce, et le jour où la police me retrouvera — ce qui me paraît inévitable —, j'aurai du mal à me justifier...

Me livrer à la police, oui, c'est ce que me dicte la raison. Seulement, mon instinct, lui, me commande le contraire. Il me pousse à la prudence, à la méfiance. J'ai déjà accumulé assez d'erreurs jusqu'ici en agissant sans réfléchir.

Si au moins j'étais sûr que le docteur Hunter est du bon côté. Il pourrait témoigner de ma bonne foi, confirmer que j'agissais sous la menace... Mais, encore une fois, y a-t-il seulement un bon côté dans cet imbroglio sinistre ?

Je me demande ce que le docteur a fait après ma fuite du stationnement. Bah, ce n'est pas un mystère : il a récupéré la valise et sa voiture. Alors, de deux choses l'une : ou bien il fait partie de la bande et, dans ce cas-là, tout est fichu ;

ou bien il est honnête et il vaut mieux lui montrer que je suis de son côté.

Dans le fond, je ne crois pas qu'il ait partie liée avec les malfaiteurs. Sa conduite n'est pas celle d'un professionnel du crime. Il a tenté d'écraser le faux Minski avec sa voiture, d'accord, mais au lieu de l'achever et de me supprimer à mon tour, il m'a laissé la possibilité de fuir en allant s'agenouiller près de son corps. Réflexe de médecin, pas de tueur.

Donc, j'admets que Hunter n'est pas un bandit. Dans ce cas, j'imagine qu'après avoir récupéré la mallette, il est directement allé la remettre à la police. Il doit encore y être à l'heure qu'il est. Mais qu'a-t-il raconté à mon sujet ?

Il sait que je n'étais pas au courant de la disparition du véritable Minski et cela joue en ma faveur. Le fait que Minski lui ait parlé de mon père également. Le plus avisé, ce serait de lui demander conseil avant d'entreprendre toute autre démarche. Ensuite, accompagné par lui, je pourrais me rendre à la police en leur racontant tout ce que je sais.

Je feuillette un annuaire de téléphone tout écorné que je viens de trouver dans le tiroir de la table de nuit, puis le jette aussitôt, découragé : il y a au moins une page entière de Hunter à Calgary ! Je suis dégoûté...

Soudain, je sursaute. Je viens d'entendre prononcer mon nom. Le programme de musique country que diffusait la télé en sourdine sur la chaîne locale est interrompu pour un bulletin d'informations. Il est de nouveau question du meurtre de mon père et de celui du docteur Minski qui, selon les enquêteurs, sont étroitement liés.

Apparemment, l'enquête piétine. La police semble incapable d'expliquer cette série de crimes. Tout ce qui est sûr, c'est qu'on connaît l'identité de la personne ayant vu en dernier la première victime. Et, justement, le journaliste vient de donner le nom de ce suspect numéro un : Marcus Arbuckle, le propre fils du professeur Arbuckle !

Le présentateur des nouvelles donne de moi un portrait peu reluisant. Fils indigne vivant aux crochets de son père sans même lui donner signe de vie, fainéant, de mauvaise moralité...

Puis il précise les faits. Je me serais présenté chez mon père le soir du crime, l'aurais saigné comme un lapin, abandonné mourant, puis je serais arrivé à Calgary juste à temps pour commettre un nouvel assassinat, celui du docteur Minski. On m'a bien arrangé ! Marcus Arbuckle, personnage insaisissable, psychopathe dangereux, monstre sanguinaire...

— Toute personne susceptible de fournir des renseignements sur l'individu, continue le journaliste, est priée de se mettre en rapport avec la police.

Et, comme si ce n'était pas assez, ma photo apparaît tout à coup en gros plan sur l'écran !

12

RIEN NE VA PLUS !

Là, je commence à paniquer sérieusement !

Deux meurtres sur le dos, et bientôt un troisième, sans doute. Quand je me suis enfui, tout à l'heure, je n'ai évidemment pas pris le temps de refermer le coffre de la Jaguar. Le cadavre de Klein a donc probablement déjà été découvert et les fins limiers de Calgary n'auront pas eu à se poser de questions, ils ont un coupable sous la main : Marcus Arbuckle. Marcus Arbuckle le parricide, Marcus Arbuckle le tueur de médecins !

Bien sûr, la photo diffusée à la télévision date de quelques années, à l'époque de ma sortie de l'école. J'y apparais avec les cheveux assez longs, des lunettes à monture épaisse et un sourire de jeune imbécile. J'ai maintenant les cheveux courts et des lentilles de contact, mais il me reste l'air imbécile... Est-ce suffisant pour que le premier venu m'identifie dans la rue ?

Peu importe. Mon nom, mon visage circulent publiquement et me désignent comme l'ennemi public numéro un. Tôt ou tard, un cow-boy plus malin que les autres va me regarder de travers et ameuter les passants. Je vois ça d'ici ! Si je reste à Calgary, je vais finir pendu à un lampadaire par la foule en furie...

À ma montre, il est dix-huit heures passées. Je voudrais pouvoir appeler le docteur Hunter, mais quelles sont les chances pour qu'il se trouve à son cabinet ? Aucune. Ses consultations sont terminées et, après la poursuite dans le stationnement du centre-ville, comme je le pensais tout à l'heure, il a dû se rendre à la police.

Le piège de Calgary s'est refermé sur moi. Aucune initiative ne me semble préférable à une autre. Quoi que j'envisage, une catastrophe m'apparaît comme l'unique dénouement possible. Au bout du compte, une seule idée m'obsède, me ronge, supplante toutes les autres : fuir.

Fuir, une fois de plus... Mais où aller, et comment ? Vancouver ? À pied ? Je ne peux même pas louer une voiture pour quitter cette ville, permis de conduire ou carte de crédit portent mon nom et me dénonceraient immédiatement. Je ne ferais pas un kilomètre avant d'avoir cent cinquante voitures de police à mes trousses... Je suis coincé...

Je suis incapable de réfléchir davantage. Une seule certitude m'habite : je ne peux pas rester ici. J'étouffe, j'explose, je m'attends à tout moment à entendre des crissements de pneus devant la porte et à voir les flics surgir, arme au poing. C'est trop ! Il faut que je bouge !

Je me lève brusquement, le cerveau en ébullition, incapable de tenir en place. Il y a bien une solution, folle, insensée, mais j'en ai la nausée rien que d'y penser. La Jaguar...

Les clés sont toujours dans ma poche, me démangent les doigts quand j'y enfonce la main... C'est aberrant, je m'en rends compte. Cette voiture est le seul lien qui m'attache encore à ce piège dans lequel je me suis laissé prendre. M'en approcher est la meilleure façon de tomber définitivement dans la trappe, mais la Jaguar est aussi le seul moyen de transport que je puisse utiliser sans me dévoiler. Comment savoir ? Y aller...

De toute façon, je n'en peux plus de rester ici à attendre qu'on vienne me débusquer. Tout plutôt que cette attente qui me ronge les nerfs, cette incertitude qui achèvera de me rendre fou. Et puis, je n'ai qu'à procéder par étapes, avancer lentement comme un félin qui rôde autour de sa proie, en se rapprochant insensiblement à chaque tour sans se montrer. Oh oui, je fais un beau félin...

Ayant emballé mes quelques affaires, je sors donc du motel sans rien laisser derrière moi, après avoir vérifié vingt fois le contenu des tiroirs et de la penderie et essuyé frénétiquement les boutons de portes et les poignées des meubles que je n'ai pourtant pas utilisés.

Enfin, je me retrouve dehors, l'esprit enfiévré, les fesses serrées et l'estomac noué. J'ajuste mes lunettes noires comme une star de cinéma en voyage et je tâche de prendre un air aussi transparent que possible.

Je me dirige vers la plus proche station du métro aérien, douloureusement conscient de ce qu'en essayant à toute force d'adopter une allure naturelle, je dois en fait ressembler plutôt à un singe qui se promènerait en talons hauts...

Lorsque je descends sur la 7e Avenue, dans le centre-ville, j'ai l'impression d'être devenu un zombi. Pendant tout le trajet, malgré l'apparente indifférence générale, je me suis imaginé que tous les passagers me dévisageaient et me fusillaient du regard tout en faisant semblant de regarder ailleurs.

C'était absurde, bien sûr, mais cette folie qui s'était emparée de moi en dépit de l'évidence me rendait d'autant plus nerveux et ridicule. J'étais rouge jusqu'aux oreilles et, avec mes yeux affolés riboulant et allant sans arrêt d'un passager à l'autre, je devais effectivement avoir tout du fou furieux en cavale...

Et maintenant, tout en déambulant au milieu du flot des passants, je ne peux me détacher du sentiment que tout le monde sait qui je suis mais s'efforce de masquer ce savoir, pour mieux me faire mariner dans mon supplice en attendant de me porter le coup de grâce...

Il me reste juste assez de lucidité pour comprendre que je suis en train de perdre complètement la boule et que ce n'est pas la police qui va me cueillir dans un instant, mais une équipe d'infirmiers musclés avertis par quelques passants inquiets...

Pourtant, je ne suis pas le seul à avoir l'air de m'être trompé d'histoire. La ville tout entière me semble étrange. Ce n'est plus une ville mais un spectacle permanent. Calgary n'est qu'une vaste scène où se joue le carnaval annuel du Stampede.

Chapeaux de cow-boys, bottes de cow-boys, chemises de cow-boys... Mais a-t-on déjà vu des gens faire du cheval dans cette tenue ? Dans quel pays, à quelle époque ? À quoi rime tout ce travestissement, ces déguisements colorés portés par des gens qui ne sont probablement jamais montés à cheval et dont les parents ou grands-parents étaient peut-être ouvriers métallurgistes en Ukraine ou conducteurs de trains au Pakistan ?

J'en suis là dans mes divagations quand je me rends compte que je me trouve dans la 9e Avenue, à deux pas du stationnement où m'attend cette Jaguar de malheur. Je m'immobilise un instant. Ne suis-je pas en train de commettre une bêtise ? Certainement, mais que faire d'autre ?...

Je m'engage dans l'accès réservé aux piétons. La fraîcheur de l'ombre me fait du bien, j'ai l'impression de redescendre un peu sur terre.

La voiture se trouve au dernier sous-sol. Cinq volées de marches grises coincées entre des murs de béton aveugles m'en séparent. Je commence ma descente. La sensation d'enfermement me paraît très vite intolérable. Aussi, malgré mon appréhension, je hâte le pas pour échapper à cette atmosphère de caveau.

Une fois en bas, je pousse la dernière porte et pénètre dans le stationnement. Je dois m'arrêter un moment pour reprendre haleine. L'endroit est sombre et silencieux. Il y a encore un nombre important de voitures mais personne, apparemment, ne circule dans les allées.

Je me remets en marche. À chaque instant, je m'arrête et me retourne, le cœur battant, effrayé par le bruit de mes propres pas qui résonnent sinistrement entre les piliers. Je reste aux aguets pendant quelques secondes, tâchant de distinguer, malgré le bourdonnement du sang à mes tempes, le moindre bruit insolite.

Et puis, au détour d'une allée, je l'aperçois enfin. La Jaguar est toujours là, à l'emplacement exact où je l'ai laissée. Je me précipite, tout en fouillant maladroitement ma poche à la recherche de la clé.

Arrivé près de la voiture, j'hésite un instant près du coffre. Le cadavre de Klein doit encore s'y trouver. La perspective de conduire avec ce mort dans mon dos me donne des frissons. L'abandonner ici ? L'idée de manipuler ce corps inerte ne m'inspire pourtant pas davantage...

Sans trop réfléchir, j'enfonce la clé, presse le bouton et ouvre le coffre. C'est atroce ! L'odeur me donne la nausée. Je pose les mains et m'appuie sur le rebord du coffre pour ne pas m'effondrer en vomissant...

Tout à coup, il me semble entendre un léger bruit derrière moi. Je n'ai pas le temps de me retourner. Presque aussitôt, je sens un objet dur s'enfoncer dans mon dos et j'entends une voix inconnue annoncer froidement :

— Plus un geste, Arbuckle. Un mouvement des oreilles et je vous troue la peau...

13

Interrogatoire

Je suis comme transformé en statue de pierre. Et pourtant, je ne suis pas surpris.

Depuis le début, je savais que ça allait se terminer ainsi. Je me suis jeté dans ce stationnement souterrain, sur cette voiture, comme un papillon sur le lampadaire qui va lui brûler les ailes. Il y a des gens ainsi, qui font systématiquement le contraire de ce qu'il faut faire. J'en suis...

Ma seule incertitude, en fait, concerne l'identité de cet inconnu qui, derrière moi, ne prononce plus un mot. Gangster ou policier ? Ça n'a pas beaucoup d'importance, dans le fond. Dans un cas comme dans l'autre, je suis en mauvaise posture...

J'entends maintenant des bruits de pas derrière moi. Le canon de revolver se détache de mon dos. Je me décrispe un peu et tourne légèrement la tête.

Outre l'homme qui m'a ordonné de ne pas bouger, deux agents en uniforme et deux civils se tiennent dans la pénombre. L'un d'eux, mains dans les poches, me lance d'un ton las :

— Je vous conseille de ne rien tenter, Arbuckle, vous avez commis assez de folies jusqu'ici. Pour vous, c'est maintenant la fin du parcours. Tâchez de ne pas aggraver votre cas.

Quelques minutes plus tard, je me retrouve dans les locaux de la police, entouré par une bande d'inspecteurs qui n'ont pas l'air de vouloir rire.

Les agents en uniforme sont restés près de la Jaguar et les autres m'ont traîné ici dans une voiture banalisée. Après avoir donné quelques ordres, celui qui m'a arrêté, un nommé Allan, ne cesse de me dévisager tandis que les autres m'accablent de questions, sans même me laisser le temps d'y répondre.

Abruti par ce déluge verbal, je suis complètement désorienté. Pourquoi ai-je tué mon père ? Qui a commandité le crime ? Qui sont mes complices ? Pourquoi ai-je supprimé Klein ? Où ai-je caché la valise noire ?...

À cette dernière question, toutefois, je réagis soudain.

— La valise noire ? m'écrié-je. Mais je ne l'ai pas, c'est le docteur Hunter qui l'a prise !

L'inspecteur Allan sort alors de son mutisme.

— Je vous ai prévenu, Arbuckle. N'essayez pas de jouer au plus fin avec nous, vous n'êtes pas de taille. Autant vous le dire tout de suite, vous ne tenez pas le premier rôle. Ce sont vos complices qui nous intéressent. Vous n'êtes vous-même qu'un fou doublé d'un imbécile. Aller assassiner son père en taxi, pour commencer ! Pourquoi n'avoir pas laissé une carte de visite sur le cadavre, pendant que vous y étiez ! Quant à vous pincer près de la Jaguar, franchement, je n'osais pas l'espérer.

Allan me regarde avec mépris. Il est clair que, pour lui, je ne suis qu'un pion sans importance, un gogo sans cervelle habilement manipulé par d'authentiques truands. J'en suis presque soulagé, mais il n'en reste pas moins qu'il me croit coupable du meurtre de mon père et que c'est sur ce point que je dois me défendre.

Nier le crime ? Inutile d'y penser. Le témoignage du chauffeur de taxi m'accable et rend tout alibi impossible. Quant à inventer une histoire, mieux vaut oublier ça. Allan a raison, je ne suis qu'un imbécile et je me prendrais moi-même à mes propres mensonges. Autant expliquer exactement ce qui s'est passé, en évitant seulement la dernière partie, lorsque j'ai tenté de maquiller le crime en suicide.

Je reprends donc le récit de ma soirée d'il y a deux jours pour l'inspecteur Allan. Celui-ci affecte un air blasé et semble m'écouter à contrecœur. C'est curieux, mais on dirait qu'il connaît déjà une partie des événements...

Cependant, quand j'en arrive au moment où, parvenu en haut de l'escalier, je suis surpris par mon propre reflet, tire au jugé avec le revolver de mon père et tue celui-ci accidentellement, Allan semble tout à coup vivement intéressé.

— Un instant, fait-il en m'interrompant. Vous prétendez avoir tiré sur votre père — hum, en croyant vous défendre contre un fantôme, disons — et l'avoir mortellement atteint au cœur ?

— C'est bien ça, inspecteur. Mais ce n'est qu'en m'approchant que j'ai enfin constaté mon erreur. Mon père était couché sur le dos, la poitrine en sang, agonisant. Il m'a reconnu, cependant, mais tout ce qu'il a eu la force de faire avant de mourir dans mes bras, c'est de prononcer le nom du docteur Minski.

Allan me dévisage en fronçant les sourcils. Manifestement, il ne me croit pas. Que veut-il que je lui dise ? Que c'est avec préméditation que j'ai sauvagement assassiné mon père ?

L'inspecteur reste un long moment silencieux, me fixant de son regard pénétrant. Les autres flics semblent attendre qu'il prenne l'initiative de rompre ce silence et échangent des coups d'œil interrogatifs. Que se passe-t-il ? J'ai encore gaffé ?

Enfin, Allan reprend :

— Arbuckle, savez-vous de quoi est mort votre père ?

Je suis abasourdi par la question. Que signifie-t-elle ? Je viens de lui décrire la scène, la gorge serrée, mon père rendant le dernier soupir dans mes bras... Est-ce un piège ? Perdant pied, je bredouille :

— Mais inspecteur, je viens de vous dire...

— Je voudrais bien vous croire, Arbuckle. Un assassin qui se jette pratiquement dans les bras de la police et avoue son crime si spontanément me semble tout de suite plus sympathique. Quelle économie d'énergie ! L'ennui, pour moi, c'est que votre confession ne cadre pas.

— Je ne comprends pas.

— Votre père, monsieur Arbuckle, est mort d'un coup de couteau reçu au cœur.

— Mais !...

— Votre récit, cependant, concorderait assez bien avec les faits. L'unique balle tirée par l'arme de votre père — qu'il avait encore au poing lorsqu'on a découvert son corps — a été retrouvée dans le plafond, juste au-dessus de ce grand miroir au pied duquel gisait la victime. Le problème, c'est que cette balle, dont on a calculé la trajectoire, n'a pu avoir été tirée que de l'autre bout du couloir. À quel moment, donc, et pourquoi ?

J'avoue que votre intervention semble répondre à la question.

— Je n'ai donc pas tué mon père ! m'exclamé-je en me levant brusquement. Je suis donc innocent !

Deux mains de fer se plaquent sur mes épaules et me forcent à me rasseoir.

— Pas de conclusion trop hâtive, lance Allan de sa voix fatiguée. Tout reste à vérifier. Et puis, il y a un autre cadavre, que vous semblez avoir beaucoup fréquenté et qui a dormi quelque temps dans le coffre de cette voiture. Est-il mort lui aussi dans vos bras ?

L'humour d'Allan, un humour noir et que je trouve particulièrement déplacé, m'exaspère au plus haut point. Je m'écrie, un peu comme un enfant pris en flagrant délit de bagarre dans la cour de l'école :

— Mais c'est lui qui m'a attaqué, inspecteur ! Je n'ai fait que me défendre...

— Calmez-vous et racontez-moi tout ça, fait Allan tandis que ses collègues relâchent la pression sur mes épaules.

Je reprends donc mon récit là où je l'ai laissé, ou presque, car le policier ne semble pas avoir relevé le fait que le revolver que j'ai utilisé s'est retrouvé finalement dans les mains de mon père.

Je poursuis donc en racontant ma fuite de Vancouver à la recherche du docteur Minski et termine par l'agression inexplicable de Klein dont j'ai été l'objet sur la Transcanadienne.

— Pas si inexplicable, commente Allan avec une grimace. L'homme avait certainement reconnu la voiture de votre père et, vous ayant vu au volant, il a été intrigué. Qui pouviez-vous être sinon un témoin indésirable ? Indésirable et dangereux. C'est pourquoi il est revenu en arrière.

À ce moment-là, un agent entre dans la pièce et remet un document à l'inspecteur. Celui-ci y jette un rapide coup d'œil.

— Je vois, marmonne-t-il au bout d'un moment. Monsieur Arbuckle, ajoute-t-il à mon intention, il semble bien que ce soit le nommé Klein, résident involontaire du coffre de sa propre voiture, qui ait assassiné votre père. Le couteau qu'on vient de découvrir dans la boîte à gants de sa voiture est du même type que celui qui a servi au crime. Par ailleurs, ce monsieur Klein est bien connu de nos services...

Enfin, je respire. Est-ce la fin de ce cauchemar ? Pas encore, dirait-on, puisque Allan, reprenant son sourire déplaisant, me lance vicieusement :

— Puisque tout semble enfin s'arranger pour vous, monsieur Arbuckle, vous allez donc pouvoir nous dire en toute quiétude ce que vous avez fait de la valise noire...

14

LA VALISE INTROUVABLE

Une fois de plus, je veux me redresser et crier que j'en ai assez d'être accusé de tout. Mais, avant que j'aie pu proférer un mot, les deux gorilles derrière moi me plaquent de nouveau sur ma chaise.

— Écoutez, inspecteur, fais-je, désespéré. Je ne sais pas dans quoi j'ai mis les pieds et, à la limite, je ne veux pas le savoir. Toute cette affaire me dépasse, et je m'estime très heureux de ne pas être, comme je le croyais moi-même, l'assassin de mon père. Je ne demande rien d'autre. Tout ce que j'ai fait, c'est de vouloir comprendre. C'est mon seul crime, au fond.

— Je ne doute pas de votre bonne foi, rétorque Allan avec ce sourire dont on ne sait jamais quel piège il dissimule. Mais il n'en demeure pas moins qu'on vous a vu ouvrir le coffre d'une Jaguar qui ne vous appartient pas, en retirer une valise qui, manifestement, ne contenait pas vos affaires de toilette, et vous enfuir avec à bord d'une autre voiture qui ne vous appartenait pas davantage.

Le docteur Hunter a déjà fait sa déposition, à ce que je vois. Mais pourquoi m'a-t-il accusé du vol de la mallette noire ? Une ruse ? Je bredouille :

— Je me suis enfui, c'est exact. Je me suis enfui parce que j'avais peur, parce qu'on me poursuivait, parce que... parce que je venais d'échapper à une mort certaine... Mais la valise dont vous parlez est restée derrière moi. Je pensais que le docteur Hunter — c'est sans doute lui qui vous a raconté tout ça — l'avait récupérée et vous l'avait remise.

— Le docteur Hunter m'a effectivement fait le récit d'une partie de vos aventures, et tout ce que j'ai à lui reprocher, c'est peut-être de ne pas l'avoir fait plus tôt. Cependant, je ne vois pas pourquoi il vous aurait accusé sans raison.

— Parce que c'est lui le voleur ! m'écrié-je, et qu'il cherche ainsi à détourner les soupçons. Et d'ailleurs, qui d'autre qu'un médecin pourrait être intéressé par le contenu de cette valise ?

— Vous savez donc ce qu'elle contient ? réplique Allan vivement.

— Non, non, mais je le devine. Ce sont des médecins et des biologistes qui sont à l'origine de cette affaire. Il me semble logique que...

— La logique, c'est moi qui m'en occupe, tranche Allan sèchement. Je connais personnellement le docteur Hunter, qui s'est déjà trouvé mêlé à des affaires criminelles à plusieurs reprises et m'a aidé à les résoudre*. Hunter vous a vu, et je n'ai aucune raison de mettre son témoignage en doute. C'est grâce à lui, d'ailleurs, que nous avons mis la main sur vous.

— Alors, il aura mal vu. Ce sous-sol était sombre comme un conte d'Edgar Poe...

— Je n'aime pas beaucoup la littérature, monsieur Arbuckle, et ce n'est pas elle qui vous sortira de ce mauvais pas.

* Voir dans la même collection, *Série grise*, n°40, et *Partie double*, n°44.

Je ne pense pas que vous ayez vraiment partie liée avec la bande responsable de l'assassinat de votre père et du docteur Minski, c'est entendu, mais je vous crois capable de commettre les pires erreurs par simple bêtise. Alors, s'il vous plaît, cessez d'affabuler et n'abusez pas de ma patience...

— Je vous jure, inspecteur...

Allan ne m'écoute même pas. Il se penche vers un de ses collègues et lui murmure quelque chose, puis il prend un dossier sur son bureau et, m'ignorant totalement, se plonge dans sa lecture. Son subordonné quitte aussitôt la pièce.

Après quelques instants qui me semblent une éternité, la porte s'ouvre de nouveau et l'adjoint d'Allan réapparaît, suivi du docteur Hunter. Celui-ci porte sur moi un regard appuyé qui me met mal à l'aise, mais il ne prononce pas un mot.

L'entretien qui s'ensuit alors, conduit par l'inspecteur Allan, se déroule dans une ambiance lourde et pénible. Le médecin n'a cependant pas l'air de vouloir m'enfoncer, mais sa version des événements ne laisse apparemment aucun doute.

Après que j'ai eu quitté son cabinet, Hunter, intrigué par ma conduite, m'a suivi avec sa voiture. M'ayant vu entrer au Palliser, ne sachant que faire, se doutant toutefois que je n'allais pas tarder à ressortir avant de disparaître définitivement, il a patienté dans la rue, sans quitter son véhicule.

Il était en train d'attendre qu'on lui passe l'inspecteur Allan, qu'il s'était enfin décidé à appeler pour lui apprendre ma présence à Calgary, lorsqu'il m'a vu ressortir de l'hôtel, suivi de près — de trop près ! — par un inconnu qui n'avait pas l'air de me porter dans son cœur.

Malheureusement, la 9e Avenue est à sens unique et nous nous dirigions dans le mauvais sens ! Cependant, nous ayant vu nous engouffrer dans un stationnement souterrain, il a repris le volant, fait le tour du bloc d'immeubles à toute vitesse et pénétré à son tour dans les sous-sols où nous venions de disparaître.

Il désespérait de nous retrouver quand, parvenu au dernier sous-sol, il m'a aperçu, ouvrant le coffre d'une Jaguar sous la menace de mon accompagnateur. Sans trop réfléchir, il a foncé sur lui, le percutant alors qu'il tenait la fameuse valise à la main. Il m'a vu également me jeter au sol.

Descendant de sa voiture, il m'a appelé — d'une façon un peu trop théâtrale sans doute, il en convient lui-même, et qui m'a peut-être effrayé ! Et puis, se rendant compte que l'urgence était ailleurs, il est allé vérifier l'état de l'homme qu'il avait renversé

J'en ai profité pour m'enfuir à bord de sa propre voiture. Le docteur Hunter a alors tenté de me poursuivre à pied, mais s'est vite arrêté, se rendant compte que c'était inutile. Pendant ce temps, il n'a pas vu le troisième homme se relever et foncer sur lui. Se contentant de l'écarter violemment de son chemin, l'inconnu m'a pris en chasse à son tour, s'engouffrant dans les escaliers dans l'espoir de me rattraper.

Or, le docteur Hunter est formel sur ce point : l'homme avait à ce moment-là les mains vides. Ce ne pouvait donc être que moi qui, profitant de cet instant d'inattention, m'étais empressé de récupérer la valise. Irréfutable... Alors, qu'en avais-je fait ?

C'est la question que me pose, une fois encore, l'inspecteur Allan.

Je ne réponds pas. Je n'ai rien à répondre. Je suis simplement accablé, fatigué, détruit. Le docteur Hunter, pendant ce temps, me regarde d'un air presque douloureux. C'est finalement lui qui, après un long silence, reprend la parole d'une voix lente :

— Marcus, ce qui s'est passé est extrêmement grave. Votre père a sans doute commis une erreur en entourant d'un tel secret le contenu de cette valise. Mais peut-être aussi n'avait-il pas le choix, et nous ne pouvons pas le juger. Quoi qu'il en soit, cela l'a empêché de recevoir la protection nécessaire.

Comme vous devez vous en douter maintenant, ce que le professeur Arbuckle avait en sa possession était un échantillon d'un des virus les plus foudroyants qui soient au monde. Une arme absolue, terrible, quasiment incontrôlable.

Klein, bien entendu, n'était qu'un homme de main, un grain de sable de peu d'importance dans cette ignoble machination.

Or, il était le seul lien que nous possédions avec ses véritables auteurs. Si ce n'est pas vous qui avez la valise, cela veut dire que celle-ci est tombée aux mains des malfaiteurs, et vous imaginez alors les conséquences incalculables que cela peut avoir...

J'imagine, en effet, et j'en ai froid dans le dos... J'essaie de me rappeler la scène du stationnement. Les images me reviennent assez nettement, la voiture du docteur Hunter fonçant sur mon agresseur, celui-ci projeté sur le sol, la petite valise noire décrivant une courbe au-dessus des voitures et terminant sa trajectoire sous un des nombreux véhicules garés dans la rangée d'en face.

Alors je me dis que cette mallette maléfique, que tout le monde recherche avec acharnement, que chacun suspecte l'adversaire d'avoir en sa possession, cette mallette est peut-être tout bêtement restée là où elle est tombée, simple objet perdu dans un sous-sol sombre.

J'ai à peine eu le temps d'exposer cette idée que la sonnerie du téléphone de l'inspecteur Allan retentit. Allan décroche, écoute quelques instants sans dire un mot, les sourcils froncés, puis demande :

— Et vous l'avez pincé ?

La réponse n'a pas l'air d'être de son goût. Allan raccroche et déclare rageusement :

— Vous avez peut-être raison, Arbuckle. Mes agents viennent de laisser filer un suspect qui rôdait près de la Jaguar. Les imbéciles !

Furieux, Allan s'est levé et arpente nerveusement son bureau.

— Je vais immédiatement envoyer quelqu'un vérifier auprès de l'administration du stationnement si la valise a été trouvée, grogne-t-il. Mais pour ce qui est du gang qui employait Klein, il ne nous reste plus la moindre piste.

C'est alors que je me souviens que, ce soir à minuit, j'ai un rendez-vous au Newt...

15

PIÈGE

Il est vingt-trois heures.

Le docteur Hunter réprime un bâillement et Allan me fusille du regard, comme si j'étais la cause de tous ses ennuis. C'est injuste. Si je n'avais pas agi comme je l'ai fait, après tout, la valise contenant les virus mortels serait depuis longtemps entre les mains d'individus sans scrupules.

D'un autre côté, si j'avais agi avec un peu plus de finesse et de discernement, un des malfaiteurs au moins serait déjà sous les verrous : le faux Minski, qui a pu s'échapper du stationnement souterrain en profitant de ma fuite et de la diversion qu'elle a provoquée.

Allan a raison. J'ai accumulé les gaffes en me mêlant de ce qui ne me regardait pas. Et maintenant, tout ce que peut faire la police, c'est récupérer la valise et attendre que les autres, qui ne la lâcheront pas comme ça, commettent une erreur avant de leur mettre la main dessus.

Attendre ? Ça peut être long. Je me dis qu'Allan n'est peut-être pas si brillant qu'il veut bien le faire croire. L'attente n'est pas une technique très dynamique. Pourquoi ne la provoque-t-il pas lui-même, cette erreur ?

Si la valise se promène toujours, soit aux objets perdus, soit sur la banquette arrière d'un quelconque usager du stationnement qui l'a ramassée et n'a pas encore eu le temps de la remettre aux autorités, cela signifie que les voleurs sont toujours en chasse, donc vulnérables. Allan a raison sur ce point.

Mais le seul lien avec l'objet de leur convoitise, c'est moi ; et le seul endroit où ils peuvent espérer me rencontrer, c'est le Newt ! Je dois en informer Allan. Je n'en ai pas très envie, mais c'est la seule solution. Je me lance donc :

— J'ai une idée, inspecteur.

— Ne vous mêlez pas de ça, Arbuckle, réplique-t-il vivement. C'est un travail de professionnel. Pour l'instant, je ne retiens aucune charge contre vous, je vous demande seulement de ne pas quitter la ville et de rester à notre disposition. Vous êtes libre, profitez-en.

Aussitôt, l'inspecteur Allan me tourne le dos et se prépare à sortir. S'il a voulu me vexer, il a réussi. Je me referme comme une huître. Mais le docteur Hunter, lui, me regarde soudain avec intérêt.

— Inspecteur, dit-il lentement, monsieur Arbuckle a cet avantage sur nous qu'il a réellement côtoyé les bandits, qu'il trempe dans cette affaire depuis trois jours et que son point de vue peut donc nous apporter quelque chose. Pourquoi ne pas écouter sa proposition ?

Allan se retourne et fait une grimace d'impatience.

— C'est une manie chez vous, docteur, ricane-t-il. Vous auriez voulu être flic, n'est-ce pas ? Vous vous imaginez bien en Sherlock Holmes ?

— Les énigmes ne m'intéressent pas vraiment, réplique sèchement le médecin. Mais n'oubliez pas que mon collègue Minski a été assassiné, et que cette valise qui circule on ne sait où présente pour ce pays et pour l'humanité entière une menace grave. Il ne faut négliger aucune piste.

Allan soupire et revient s'asseoir à son bureau, y plante ses coudes et laisse tomber d'un air las :

— D'accord, Arbuckle. Allez-y, vous avez cinq minutes.

Je raconte donc brièvement ma rencontre avec l'inconnu du bar de Kensington, en terminant par le rendez-vous qu'il m'y a donné ce soir. Cette fois, Allan me regarde avec de grands yeux.

— Vous ne manquez pas de toupet, Arbuckle, s'exclame-t-il avec un sourire ironique. Vous êtes même inconscient ! Enfin, qu'importe. Nous pouvons tendre un piège. Il n'y a peut-être qu'une chance sur cent pour que quelqu'un tombe dedans, mais il faut la courir. Il faut espérer que le type que le docteur Hunter a écrasé a tiré les mêmes conclusions que lui et vous croit en possession des virus.

L'inspecteur se relève, l'air assez excité. Pour ma part, je me sens exténué. Puisque je n'ai plus à me cacher de la police, je crois que je vais entrer dans le premier hôtel venu. Je me lève donc à mon tour et me dirige vers la porte.

— Dites donc, jeune homme, me lance alors le policier. Où allez-vous ?

— Mais, inspecteur, vous m'avez dit tout à l'heure que j'étais libre.

— Tout à l'heure, c'était tout à l'heure. Vous n'imaginez tout de même pas que je vais faire le pied de grue dans un bar en attendant qu'un type que je ne connais pas vienne me dire « inspecteur, passez-moi donc les menottes » ? Vous êtes de la partie, Arbuckle.

Constatant mon air hébété, Allan ajoute :

— Nos adversaires ne sont pas des débutants. Ils vont se méfier, prendre toutes les précautions possibles. Si vous n'apparaissez pas en personne, ils ne se montreront pas. Vous êtes l'appât indispensable. Sans vous, pas de piège !

Piège, appât... Me voilà réduit au rôle du ver de terre au bout d'une ligne. Autant dire que je ne verrai peut-être plus jamais le jour se lever...

Une demi-heure plus tard, je me retrouve attablé au Newt. À mes pieds, une valise noire de petites dimensions — vide — aimablement mise à ma disposition par l'inspecteur Allan. J'attends. J'ai l'impression d'être la petite chèvre qu'on attache à un piquet pour attirer le lion. Et si la chèvre se fait dévorer ? Peu importe, pense probablement le chasseur, si cela lui fait prendre le lion...

Allan et les policiers sont invisibles. Ils m'ont laissé venir seul mais m'ont assuré qu'ils seraient là, prêts à intervenir. Sans doute, parmi ces clients accoudés au bar, se trouvent un ou plusieurs inspecteurs.

Le bar semble calme. Ce soir, je n'entends pas parler français. C'est parce que nous sommes jeudi. Le docteur Hunter m'a expliqué que, chaque mercredi soir, les francophones de Calgary se retrouvent au Newt pour y discuter dans leur langue, d'où mon étonnement d'hier.

Minuit arrive, puis minuit et quart, et minuit et demi. Toujours rien. Je reprends une bière. N'ayant rien mangé depuis presque douze heures, mon cerveau sombre doucement dans une brume cotonneuse...

Des clients vont et viennent, solitaires ou par petits groupes. Ce ne sont déjà plus les mêmes têtes que tout à l'heure. Le barman, de temps en temps, me jette un coup d'œil furtif, comme si j'étais une sorte d'extraterrestre. Où sont les policiers ? Où sont les voleurs de virus ?

Une heure du matin. Je commence à me demander ce que je fais là, à m'agiter nerveusement. D'autant plus qu'une envie de pisser irrépressible s'est emparée de moi. Toute cette bière... Je ne peux cependant pas abandonner la valise. Aller avec aux toilettes ? Ce serait d'un ridicule...

Il le faut pourtant. Ma vessie va exploser... Serrant les fesses, je finis par me lever et me dirige vers une petite porte, au fond, la mâchoire serrée, le poing crispé sur la poignée de la valise. Le barman me jette un regard étrange.

Les toilettes sont vides, mais je n'ose pas me séparer de la mallette de cuir, qui n'est pourtant qu'un leurre ! Je fais mes affaires maladroitement, avec une seule main, ce qui est loin d'être facile... À tout instant, je frémis à l'idée que la porte va s'ouvrir dans mon dos et qu'on va me descendre sans sommation avant de s'emparer de cette valise vide.

Cependant, rien ne se passe. Soulagé, je reviens dans la salle du bar. Celle-ci est presque vide, maintenant. Les quelques clients qui restent m'ont l'air de célibataires désœuvrés, laissant filer la nuit devant leur dixième bière avant de rentrer chez eux, abrutis de fatigue, pour s'écrouler sur leur lit.

Il est une heure trente du matin et le Newt est presque désert. Le piège d'Allan a échoué, c'est évident. C'était couru... Que dois-je faire ? Je n'en peux plus. Je jette l'éponge. Il ne me reste qu'à retrouver Allan, lui rendre sa valise vide et essayer d'oublier cette ville. Je me lève.

Une fois sur le trottoir, dans la 11e Rue Nord-Ouest, je m'efforce de scruter la nuit. Personne. Où sont passés les policiers ? La comédie est terminée maintenant, ils peuvent sortir de leur cachette, me libérer de ce rôle ridicule...

Je fais quelques pas, lentement, me retournant sans arrêt, jusqu'à Kensington Road. Pas le moindre passant, pas l'ombre d'un taxi. Qu'est-ce que je fais là ? Où aller ? Je n'ai même plus d'hôtel, plus rien, je suis là comme un gamin qui se réveillerait dans un endroit inconnu au sortir d'un mauvais rêve.

Ne sachant où aller, je remonte Kensington jusqu'à la 10e Rue. Toujours pas un chat. Vers la droite, la rue donne sur un pont qui enjambe la Bow et mène vers le centre-ville. Je m'y dirige machinalement.

Il me semble que l'air frais dissipe un peu les vapeurs de la bière, mais je n'ai pas le temps de m'en réjouir. Peu à peu, la peur m'envahit, peur irraisonnée de me retrouver seul sur ce pont, au-dessus d'une eau noire et froide, à la merci du premier assassin venu...

Je me hâte. Seul le bruit de mes pas résonne dans l'ombre, sinistre. Mes pas, vraiment ?... Est-ce un effet dû à l'alcool, à mon imagination surexcitée ? On dirait qu'il y a comme un écho. Un frisson court le long de mon dos...

Puis la peur se mue en une panique incontrôlable. Je me mets à courir, sans oser me retourner. Mais je n'ai pas l'habitude de fournir un tel effort : arrivé à l'extrémité du pont je dois m'arrêter, complètement hors d'haleine. Je suis plié en deux, un coude appuyé sur le parapet, le front trempé de sueur. Il n'y a plus un bruit.

C'est alors que je reçois un coup violent sur la tête. Je m'écroule lourdement sur le sol.

16

LE CHASSEUR ET LA PROIE

Lorsque je me réveille, la nuque douloureuse, je suis allongé dans un lit. À l'odeur, je devine que je me trouve dans un hôpital.

Autour de moi, personne. L'autre lit à côté du mien est vide. Je pousse un long soupir. Tout est raté. J'ai été, une fois de plus, ridicule. Mais que faisait donc Allan, bon sang ? Où était-il pendant que je me faisais assassiner ? Je préfère ne plus y penser, me rendormir...

Je me suis rendormi, en effet. Il fait jour maintenant, et une ombre vient de me réveiller. Une infirmière.

— Bonjour, monsieur Arbuckle, lance-t-elle d'une voix qui me fait l'effet d'un baume. Comment vous sentez-vous ?

— Je ne sais pas, dis-je en bredouillant. Bien, sans doute, puisque je suis vivant.

Je pense que je devrais m'estimer heureux...

L'infirmière se contente de sourire. Dents blanches, yeux pâles et lèvres exsangues ; ce sourire automatique et professionnel totalement hypocrite mais, dans le fond, tellement reposant... Le sourire de l'Ouest ! Puis elle annonce :

— L'inspecteur Allan est là. Il désire vous voir. Vous en sentez-vous capable ?

— S'il n'a pas l'intention de me tuer, dis-je amèrement, qu'il fasse ce qu'il veut.

Cette fois, la jeune femme éclate franchement de rire et, sans ajouter un mot, elle va vers la porte, l'ouvre et fait signe à quelqu'un qui devait attendre derrière. Allan entre aussitôt, avec un air presque jovial que je ne lui avais pas encore vu.

— Alors, Arbuckle ! s'exclame-t-il bruyamment. Vous nous avez flanqué une sacrée frousse, vous savez. J'ai bien cru que ce salaud vous avait définitivement défoncé le crâne. Enfin, toutes mes félicitations. Le coup du pont, c'était génial ! Risqué, mais génial.

Je le regarde sans comprendre. L'inspecteur, remarquant enfin mon expression ahurie, s'assoit au pied de mon lit et entreprend de m'expliquer ce qui s'est passé.

— Jusqu'à la fin, j'ai bien cru que le piège avait échoué. Ma patience était à bout... Mais je ne pouvais tout de même pas abandonner avant vous ! Heureusement, votre persévérance a stimulé la mienne. Lorsque vous êtes sorti du Newt et que, après une légère hésitation, vous êtes parti en direction du pont, j'ai été tenté de vous rejoindre et de tout laisser tomber.

— Mais où étiez-vous donc pendant tout ce temps ? Je n'ai vu personne.

— Où j'étais ? Tranquillement attablé dans un bar, sur Kensington, d'où j'avais une vue imprenable sur la porte du Newt. Une jeune inspectrice en civil m'accompagnait, pour m'éviter d'avoir l'air de ce que j'étais. Tonnerre, Arbuckle, j'ai dû faire semblant de la draguer pendant deux heures ! J'avais tout du vieux vicieux ! C'en était gênant...

Gênant ! Sans blague ! Et je n'étais pas gêné, moi, à rester là sans savoir à quelle sauce je serais mangé ? Sans se soucier de mes états d'âme, Allan reprend :

— J'allais effectivement sortir à votre suite quand ma collègue m'a envoyé un coup de pied dans les tibias, sans cesser de me sourire béatement. J'ai tout de suite compris. Dans mon dos, un type venait de se lever. « Il est là depuis le début », m'a soufflé ma collaboratrice. Je n'ai pas bougé. Et, bien sûr, l'inconnu s'est dirigé lui aussi vers le pont.

— Pourquoi ne l'avez-vous pas arrêté tout de suite, au lieu d'attendre qu'il me défonce le crâne ?

— Voyons, Arbuckle, on n'arrête pas un homme parce qu'il en suit un autre dans la rue ! Il nous fallait une preuve. Je... je suis désolé pour votre tête...

Il peut bien être désolé, Allan. Ce n'est pas lui qui a le crâne comme une marmite à pression.

— Quoi qu'il en soit, ajoute-t-il, vous ne pouviez pas mieux piéger notre homme. Dès le début, j'avais placé des agents au bout de Kensington, plus haut sur la 10e Rue et, surtout, de l'autre côté de ce fameux pont. En s'engageant par là à votre suite, notre gibier tombait en plein dans le panneau.

— Mais pourquoi a-t-il attendu autant, lui ?

— La méfiance, Arbuckle. Jusqu'au bout, il a pensé à la possibilité d'un traquenard. Mais lorsque vous avez pris le pont, il a compris qu'il risquait de vous perdre. Et, quand vous vous êtes mis à courir, il s'est cru découvert et il s'est lancé à votre poursuite. Heureusement, après vous avoir, heu... assommé, il n'a pas fait cinquante mètres. Mes hommes ont surgi de part et d'autre du pont. Votre agresseur ne pouvait pas s'échapper.

— Et la valise ?

— La valise ? Ah oui, la vraie. Nous l'avons, bien sûr. Le gardien du stationnement l'avait simplement déposée sous son bureau en attendant qu'on vienne la réclamer. Un automobiliste l'avait trouvée sous sa voiture et la lui avait remise. Pauvre gars, pas un seul instant il n'a soupçonné la nature de la bombe qu'il avait sous les pieds !

— Et... les autres ?

— Vous voulez parler du reste de la bande ? C'est notre problème. Une fois qu'on en tient un, en général, remonter la filière n'est qu'une question purement technique. Le meurtrier de votre père n'était qu'un homme de main et il a déjà payé, mais ses commanditaires n'en ont plus pour longtemps.

À propos de Klein, une question me brûle les lèvres, mais je n'ose pas la formuler. C'est lui qui a tué mon père, bien sûr, mais, bandit ou pas, je l'ai tué et je devrais être poursuivi pour meurtre, moi aussi. Allan devine-t-il mon malaise? Il reprend :

— En ce qui concerne Klein, vous n'avez pas à vous en faire. C'est grâce à vous, finalement, que le vol des virus a été évité. Je m'arrangerai donc pour qu'il y ait non-lieu dans ce cas précis. De toute façon, vous étiez en situation de légitime défense, non?

Je pousse un soupir de soulagement. Le cauchemar est enfin terminé. Enfin, presque. Tant que je n'aurai pas revu Vancouver et le Pacifique, je ne m'en serai pas vraiment réveillé. Allan me donne encore quelques détails sur les événements de la nuit, mais ma tête s'est remise à bourdonner et je n'entends plus rien.

Ma dernière pensée, avant de m'endormir de nouveau, est pour mon père. Peut-être ne l'ai-je pas assez connu. Comment cet homme si discret, si consciencieux, a-t-il pu être à l'origine d'une aussi sordide aventure ? Qui était-il véritablement ?

17

LES DERNIERS MOTS DE MINSKI

Finalement, je suis resté deux jours à l'hôpital. Allan n'est pas revenu me voir. Trop occupé par sa chasse à l'homme. En revanche, j'ai reçu ce matin, avant de sortir, la visite du docteur Graham Hunter.

Il est venu me souhaiter bonne chance, a-t-il dit, et me présenter ses excuses.

— Vos excuses ? me suis-je exclamé. Mais pourquoi ?

— Eh bien, disons pour mon manque de confiance. Alexandre Minski m'en avait dit bien davantage au sujet de votre père et des virus que je ne vous l'ai laissé croire. Mais... je me méfiais. Les enjeux de cette affaire étaient trop importants. Je ne savais pas de quel côté vous étiez...

— Moi non plus, docteur. C'est moi qui ai agi comme un imbécile. Je tâcherai simplement d'oublier tout ça. Mon seul regret, au fond, sera de n'avoir pas vraiment su qui était mon père. Je n'ai toujours vu en lui qu'un vieux professeur aigri et égoïste. Je m'aperçois maintenant que toute une partie de sa personnalité m'était inconnue.

— C'était en effet un homme assez secret, semble-t-il. Tout au long de cette histoire, il m'a été assez difficile de comprendre quel avait été son rôle. J'ai cru au début que votre père était — en partie du moins — responsable de ce qui s'est passé, qu'il avait commis une lourde erreur en rapportant clandestinement des virus d'Afrique. Ce n'est qu'aujourd'hui que j'ai appris la vérité.

Le docteur Hunter m'a alors appris que la femme d'Alexandre Minski lui avait apporté, le matin même, une cassette enregistrée par son mari sur son dictaphone.

Très tôt le matin, Minski avait reçu un coup de téléphone assez bizarre, mais il avait vite compris que l'appel était en rapport avec l'affaire de virus que lui avait révélée André Arbuckle.

Devinant que les assassins de son ami avaient trouvé sa trace et qu'il courait des risques à son tour, il avait donc enregistré tout ce qu'il savait et glissé la cassette dans le sac à main de sa femme, sans rien lui dire pour ne pas l'affoler, avec un petit mot lui demandant de la remettre à son collègue si quelque chose lui arrivait. Il n'avait pas eu le temps de contacter la police, les tueurs étant venus le cueillir à la sortie de son domicile peu de temps après.

D'après Minski, c'est à son insu que mon père avait ramené les virus de ce voyage en Afrique équatoriale qu'il avait effectué avec d'autres scientifiques. Et ce n'est pas à lui qu'on les avait volés ; c'est lui qui, au contraire, comprenant enfin la nature de la dangereuse marchandise qu'il avait transportée en parfaite innocence, avait refusé de la remettre à son destinataire !

Au cours de ce voyage d'études, Minski avait rencontré un dénommé Burns, qu'il avait connu à l'époque où il était étudiant. L'homme était brillant et mon père avait sympathisé avec lui. Au moment du retour, Burns, qui ne rentrait pas directement au Canada, avait confié un colis à mon père. Des documents qu'un de ses confrères de l'Université de Calgary attendait d'urgence, disait-il.

Mon père, naïf comme un savant de bande dessinée, ne s'était pas méfié. Ce n'est qu'en arrivant à l'aéroport de Vancouver qu'il s'était posé des questions, en voyant un de ces panneaux qui vous demandent si vous avez bien fait vos bagages vous-même. Cependant, il avait passé la douane sans problème.

Mais, une fois rentré chez lui (avec l'impression, toutefois, de commettre un sacrilège), il avait ouvert le paquet. Au lieu de documents, il avait découvert un petit conteneur métallique hermétiquement verrouillé. Pourquoi Burns lui avait-il menti ?

Se rappelant alors certains éléments du comportement de Burns qui l'avaient intrigué, il avait brisé les serrures et découvert des ampoules de verre, soigneusement scellées dans des compartiments antichocs, dont il n'avait pas tardé à identifier le contenu. Il y avait là de quoi déclencher une épidémie mortelle !

Le soir même, Klein s'était présenté chez lui pour récupérer le colis. Effrayé par la puissance atroce qu'il détenait mais conscient qu'il était le seul à pouvoir empêcher une irrémédiable catastrophe, mon père avait feint de ne pas comprendre la démarche de Klein et ne lui avait pas remis les ampoules.

Klein, à qui on avait probablement seulement demandé de récupérer un colis, était reparti les mains vides. Mais il était revenu le lendemain même, sans doute avec de nouvelles instructions, en offrant de l'argent en échange du dangereux paquet.

Cette méthode douce ayant de nouveau échoué, il était passé aux menaces. C'est alors que mon père m'avait appelé, voulant assurer discrètement sa protection avant de remettre lui-même les virus aux autorités, dès le lendemain.

La suite, on la connaît. Klein était revenu dans la nuit, avait poignardé mon père après une courte lutte et avait disparu en emportant le mortel colis dans une valise noire.

Pourquoi n'était-il pas reparti immédiatement pour Calgary, où l'attendait l'homme du Newt ? Nous ne le saurons jamais. Peut-être s'était-il rendu compte qu'un inconnu — moi — se trouvait dans la maison, peut-être y avait-il oublié quelque chose...

Quoi qu'il en soit, il n'avait quitté Vancouver qu'au petit matin dans sa puissante voiture et, juste après Kamloops, il avait été surpris de voir devant lui la Chrysler de mon père. Ses soupçons à propos de la présence d'un témoin dans la maison le soir du crime étaient donc confirmés.

Il m'avait suivi, doublé, puis, m'ayant perdu de vue, il était revenu en arrière avec l'intention de me supprimer, pour me découvrir endormi sur le bord de la route. Et enfin, à coups d'erreurs et d'actes irréfléchis, j'étais devenu le grain de sable qui avait fait dérailler la machine.

En me quittant, le docteur Hunter m'a assuré de son amitié et de sa sympathie. Simple politesse ? Je ne sais pas. De toute façon, je n'ai pas l'intention de remettre les pieds à Calgary. Le rodéo, j'en ai soupé !

Avant mon départ, l'infirmière m'a remis un message de l'inspecteur Allan.

Je devais me présenter le plus tôt possible à son bureau. Quoi encore ? Est-ce qu'il ne pouvait pas me laisser tranquille, maintenant ?

J'y suis allé tout de même, bien sûr. Allan n'était pas là, mais un agent m'a remis en son nom une grosse enveloppe à l'en-tête de l'hôtel Palliser.

— C'est tout, a ajouté le policier. L'inspecteur Allan m'a dit de vous souhaiter bonne chance. Au revoir, monsieur Arbuckle.

Je n'ai pas eu besoin d'ouvrir l'enveloppe pour savoir ce qu'elle contenait. Au Palliser, j'avais laissé sous mon oreiller, bien serrées dans une enveloppe, les liasses de billets trouvées sur Klein. En sortant de ma chambre, avec un revolver planté dans le dos, je n'avais évidemment pas eu le temps de les récupérer. La direction de l'hôtel, ayant appris que j'étais recherché, avait remis tout ce que j'y avais laissé à la police.

Allan a-t-il jeté un coup d'œil au contenu de l'enveloppe ? C'est probable. Je ne sais pas ce qu'il en a pensé. Je ne veux pas le savoir. Tout ce que je sais, c'est que j'ai de quoi prendre mon billet pour Vancouver et vivre un bon moment sans me poser de questions.

Et ensuite, je ne sais pas. Pour l'avenir, on verra plus tard.

Table des matières

Les titres de la collection Atout

1. *L'Or de la felouque*** Yves Thériault
2. *Les Initiés de la Pointe-aux-Cageux*** Paul de Grosbois
3. *Ookpik*** Louise-Michelle Sauriol
4. *Le Secret de La Bouline** Marie-Andrée Dufresne
5. *Alcali*** Jo Bannatyne-Cugnet
6. *Adieu, bandits !** Suzanne Sterzi
7. *Une photo dans la valise** Josée Ouimet
8. *Un taxi pour Taxco*** Claire Saint-Onge
9. *Le Chatouille-cœur** Claudie Stanké
10. *L'Exil de Thourème*** Jean-Michel Lienhardt
11. *Bon anniversaire, Ben !** Jean Little
12. *Lygaya** Andrée-Paule Mignot
13. *Les Parallèles célestes*** Denis Côté
14. *Le Moulin de La Malemort** Marie-Andrée Dufresne
15. *Lygaya à Québec** Andrée-Paule Mignot
16. *Le Tunnel*** Claire Daignault
17. *L'Assassin impossible** Laurent Chabin
18. *Secrets de guerre*** Jean-Michel Lienhardt
19. *Que le diable l'emporte !*** Contes réunis par Charlotte Guérette
20. *Piège à conviction*** Laurent Chabin
21. *La Ligne de trappe*** Michel Noël
22. *Le Moussaillon de la* **Grande-Hermine*** Josée Ouimet

23/23. *Joyeux Noël, Anna** Jean Little

24. *Sang d'encre*** Laurent Chabin

25/25. *Fausse identité*** Norah McClintock

26. *Bonne Année, Grand Nez** Karmen Prud'homme

27/28. *Journal d'un bon à rien*** Michel Noël

29. *Zone d'ombre*** Laurent Chabin
30. *Alexis d'Haïti*** Marie-Célie Agnant

31. *Jordan apprenti chevalier**
Maryse Rouy

32. *L'Orpheline de la maison Chevalier**
Josée Ouimet

33. *La Bûche de Noël***
Contes réunis par Charlotte Guérette

34/35. *Cadavre au sous-sol***
Norah McClintock

36. *Criquette est pris***
Les Contes du Grand-Père Sept-Heures
Marius Barbeau

37. *L'Oiseau d'Eurémus***
Les Contes du Grand-Père Sept-Heures
Marius Barbeau

38. *Morvette et Poisson d'or***
Grand-Père Sept-Heures
Marius Barbeau

39. *Le Cœur sur la braise***
Michel Noël

40. *Série grise***
Laurent Chabin

41. *Nous reviendrons en Acadie !**
Andrée-Paule Mignot

42. *La Revanche de Jordan**
Maryse Rouy

43. *Le Secret de Marie-Victoire**
Josée Ouimet

44. *Partie double***
Laurent Chabin

45/46. *Crime à Haverstock***
Norah McClintock

47/48. *Alexis, fils de Raphaël***
Marie-Célie Agnant

49. *La Treizième Carte**
Karmen Prud'homme

50. *15, rue des Embuscades**
Claudie Stanké et Daniel M. Vincent

51. *Tiyi, princesse d'Égypte***
Magda Tadros

52. *La Valise du mort***
Laurent Chabin

53. *L'Enquête de Nesbitt**
Jacinthe Gaulin

54. *Le Carrousel pourpre***
Frédérick Durand

55/56. *Hiver indien***
Michel Noël

* Lecture facile

** Lecture intermédiaire

Imprimé au Canada